개인의
시대가
온다

서준렬 지음

개인의 시대가 온다

성큼 다가온 초개인의 시대,
직장인의
내일 준비법

와이즈베리
WISEBERRY

프롤로그

지금도 길을 찾고 있는 동료들에게

연암 박지원 선생이 쓴 청나라 견문록《열하일기》에 이런 짧은 질문 하나가 등장한다.

"자네, 길을 아는가?"

이 문장에서 눈을 떼지 못했던 기억이 있다. 마치 남몰래 숨겨놓고 모른 척하고 있던 오랜 고민을 누군가 후벼 파내서 눈앞에 보여주는 것 같았기 때문이다. 열심히 일하며 내 길을 잘 만들어가고 있다고 생각했지만, 또 한편에서는 언제나 그 길이 옳은 것인지에 대한 고민이 떠나지 않았다. 하지만 매일의 미션에 매달려 하루를 살아가다 보면 이런 고민은 잊히기 십상이고, 또다시 떠오르기를 반복한다.

GS그룹의 계열사인 GS리테일에서 12년을 일한 나의 직장생활은 꽤 재미있고 흥미로웠다. 타고난 괴짜 기질에 일이 어려워질수록 더 긍정적으로 변하는 성격 탓에 일 벌리기를 좋아하고 그 안에서 성과를 내는 것도 보람찼다. 그러다 보니 문제해결이 필요한 팀이나 신규 사업 진출 등 속칭 '일이 험한' 팀에서 많이 근무했다. 영업기획팀에서 시작해 역량레벨업팀, 고객서비스팀, 조직문화와 서비스 혁신 업무, 중장기 전략 테스크포스팀, 디지털사업본부, 쇼핑몰 MD 파트, 심지어는 CEO 직할 핵심역량차별화팀에서도 근무했다.

안 해도 될 일을 하는 것도 내 전문이었다. 입사 초기 근무 희망 부서를 묻는 인사팀의 질문에 '기왕이면 제일 힘든 일을 해보고 싶다'고 대답해 슈퍼마켓 농수산물 코너에 들어가 감자도 팔아보고 생선 대가리도 자르며 신입 생활을 시작했다. 재고가 남는 게 안타까워 '100원 경매'라는 것을 시작해 유통업계에 다소 신선한 바람을 불러일으키기도 했다. 신입사원 시절에는 한때 유행했던 '꼭짓점 댄스' 추는 영상을 찍어 대표에게 보내는 바람에, 전 직원이 아침 회의 전 춤을 추는 사례를 만들기도 했다. 동료들에게는 타박 아닌 타박도 들었지만 나로 인해 동료들이 잠시라도 웃음 지으며 긍정적인 변화를 할 수 있다는 것에 자부심이 들었고 회사에서는 능력을 인정받는 것 같아 우쭐한 기분도 들었다.

하지만 그런 자부심과 우쭐함은 그리 오래 가지 못했다. 어느 순간 '세상이 너무 빨리 돌아가는 것 같다'는 생각이 들기 시작했고 내 머리로 이해되지 않는 가치관을 가진 젊은이들이 나타나는 게 눈에 보였다. 바다 건너 미국과 유럽에서는 생각지도 못했던 직업과 비즈니스가 생겨나고 있었고 마치 지금 내가 서 있는 곳은 아직 별 탈이 없지만, 저 먼 곳에서부터는 땅을 흔드는 지진 소리가 들리는 것만 같았다.

거기다가 몇 년 앞서 퇴사하는 선배들을 보면서 '저 모습이 미래의 내 모습이다'라는 불안감마저 들었다. 퇴직 후 집에서 배우자와 함께 있을 생각을 하면, 그 일상이 너무 무섭다고 말하는 선배들이 한둘이 아니었다. 배우자가 싫어서가 아니라 가족들이 자신을 부담스러워할까 봐서다. 실제로 자녀들과 아내가 함께 하는 단톡방이 있긴 하지만 아빠 모르게 자녀와 엄마만의 비밀 단톡방이 따로 있더라고 고백하는 선배도 있었다. 재미있는 이야기는 자기네들끼리만 한다고 푸념을 했다. 이 정도면 돈이 문제가 아니라 가족과 함께할 시간을 회사로 대체하며 자신의 인생을 걸었던 시간에 대한 회의감과 자괴감이 들게 되지 않을까? 뿐만 아니라 20~30년 동안 청춘을 다 바쳐 회사에 매달려왔던 선배들이 퇴직 권고 통보를 받은 모습을 보면 불쌍하기 그지없었다. 퇴직 후 첫날 아침에 느낀다는 그 박탈감과 부담감은 상상할 수 없을 정도로 괴롭다고 한다. 매일 출근을 하며 '오늘도 열심히!'를 다짐하던 그 순간들, 자신의 인생에서 회사가 전부일 것이라는 과거의 기대가 단 하루 만에 모조리 사라지게 된다.

회사 일은 즐겁지만 그래도 미래를 위해 뭐라도 준비하지 않으면 안 된다는 불안감. 오늘 하루, 혹은 이번 한 달을 살아내기에는 별 탈 없는 것 같지만 왠지 내가 타고 있는 배가 점점 절벽으로 밀려가고 있다는 느낌. 비단 과거의 나뿐만 아니라 많은 직장인들이 가지는 공통된 고민일 것이다.

개인이 힘을 가진 시대

지금으로부터 14년 전, 미국 유명 시사지인 〈타임〉이 선정한 '올해의 인물'은 바로 '당신You'이었다. 그리고 잡지의 표지 아래쪽에는 이런 카피가 쓰여 있었다.

> Yes, you. (그렇다, 당신이다.)
> You control the Information Age. (당신은 정보화시대를 지배한다.)
> Welcome to your world. (당신의 세상에 온 것을 환영한다.)

직장 초년병이었을 때 접한 이 기사를 힘들게 번역하며 읽었던 기억이 생생하다. 늘 새로운 것에 대한 도전을 즐겼던 나에게 이 선언은 마치 별천지가 펼쳐지는 느낌이었다. '개인의 시대'라니! 학창시절부터 '인간은 사회적 동물'이라는 말을 귀에 박히게 들어왔고 한자로 '사람 인人' 역시 홀로 설 수 없는 두 명의 사람이 서로 기대

고 서 있는 모습이라고 배우지 않았던가. 학교도, 군대도, 직장도 모두 집단 생활임에도 불구하고 '개인의 시대'가 왔다는 선언은 다소 충격적이기도 했다.

하지만 당시만 해도 이런 진단은 전문가들의 장기적인 미래 예측일 뿐, 지금 당장 현실에서 우리 같은 개인에게 큰 영향을 주기는 힘들 것이라 믿었다. 그러나 동시에 '새로운 시대'는 매년 바뀌는 '트렌드'처럼 단순히 오고 가지는 않을 것이라고 여겼다. 그래서 직장생활을 하는 동안 '개인의 시대'는 나에게 늘 화두처럼 함께했다. 어느 순간, 연암 박지원 선생이 말한 '길'이 어쩌면 이것일지도 모른다는 느낌이 들었다. 미래에 관한 공부를 하면 할수록 개인의 시대가 오리라는 점은 매우 명백해 보였다. 그리고 지금은 안개 속에 가려져 있지만, 반드시 뭔가가 진행되고 있다고 믿었다.

그렇게 10년이 지나고 지금 세상이 '개인의 시대'가 되었다는 징후는 너무도 명백해졌다. 기술, 문화, 제품과 서비스, 사회와 경제의 구조가 모두 개인을 향하고 있다. 특히 기술의 발전은 개인이 과거에는 하지 못했던 많은 일을 가능하게 한다. 개인이 하나의 미디어가 된 지는 이미 오래전 이야기다. 개인이 절대 진입할 수 없을 것 같던 제조업 분야마저도 그 장벽이 무너졌다. 나는 오래전부터 개인의 시대가 왔음을 보여주는 가장 확실한 징후가 제조업일 것이라 생각했다. 다른 건 몰라도 개인이 제조업에 진입한다는 것은 불가능한 일 같았기 때문이다. 그러나 어느 순간 3D 프린터가 등장해 거의 모든 물건을 만들기 시작하면서 개인의 시대가 성큼 다가왔다는 것이 더욱 실감났다.

사회 문화 역시 개인에 초점이 맞춰지기 시작했다. 과거에는 무조건 가족이라는 공동체에 편입되기를 강요받았지만 이제 젊은 사람들은 혼자서 살아가는 '비혼'과 '1인 가구'를 선택한다. 2020년 기준 서울의 1인 가구는 32%로, 가장 중심적인 가구의 형태가 되었다. 역시 과거에는 상상하지 못한 모습이다. 더 중요한 것은 많은 사람이 그러한 삶에 만족하고 있다는 점이다. 1인 가구 10명 중 7명이 "혼자 사는 삶에 만족하고 있다."고 답한다.

문화가 달라지자 기업이 만들고 제공하는 제품과 서비스도 달라지기 시작했다. 혼자 사는 사람을 위한 커스터마이징 가구, 주방기구, 전자제품들이 쏟아져 나왔다. 혼자서 생활하고 경제활동을 하는 이들을 위한 '일코노미(1인+이코노미)'라는 말도 등장했다.

근원적인 경제 구조의 차원에서도 개인이 급부상되기 시작했다. 미국에서는 일명 '프리랜서 이코노미(특정 회사에 속하지 않고 자신의 전문지식으로 고수익을 올리는 사람의 경제활동을 총칭-편집자)'가 형성되어 프리랜서가 일반 정규직보다 더 많은 돈을 벌기도 한다. 2019년 미국 프리랜서들의 수입은 전년 동기 대비 78%나 증가했으며 영국 프리랜서들의 수입 역시 59%가 늘어났다. 이런 사회에서는 지금의 '정규직 vs 비정규직'의 대립 자체가 해체되고 새로운 노동자가 생겨나고 있다.

여기에 '공유경제'와 '구독경제'는 소비의 개념도 뒤흔들어 놓았다. 과거에 소유는 '내 것'이 아니면 '네 것'으로 고정된 것이었다. 하지만 공유경제는 이 고정된 소유의 개념을 '우리 것'으로 만들어 버렸다. 신문처럼 매달 구독료를 내고 필요한 물건이나 서비스를 받는 구독경제도 주목을 받고 있다. 넷플릭스의 경우 한 달에 일정액만 내면 무제한으로 스트리밍 서비스를 이용할 수 있다. 자동차도 구독 가능하다. 구매하기에는 너무 비싸 엄두도 내지 못했던 차를 월정액만 내면 내 차처럼 굴릴 수 있다는 얘기다. 이제 소유와 소비는 그 개념 자체가 완전히 바뀌어버렸다.

최근 몇 년 사이 불어 닥친 퇴사 열풍도 결국 그 본질은 '개인의 시대'가 도래했기 때문이라고 본다. 집단에 대한 충성을 받아들일 수 없는 세대는 자기 자신을 삶의 중심으로 세우기 시작했고, 그러다 보니 '집단의 가치'와 '개인의 가치'가 충돌하게 된 것이다. 그러니 그 예정된 결론은 '퇴사'로 이어지게 되었다. 또한 코로나19로 인한 불안정한 고용시장은 '집단의 시대'에서 '개인의 시대'로의 전환을 더욱 가속화시켰다. 〈타임〉이 예측했던 진정한 '개인의 시대'는 각자가 개인의 중요성을 깨닫고, 스스로를 내세우면서 살아가고자 하는 가치가 만발하는 시대, 바로 '지금'이라고 생각한다.

우리가 걸어갈 새로운 길들

문제는 이러한 '개인의 시대'를 살아가는 방법을 아무도 알려주지 않는다는 점이다. 혼자 공부하고 준비하기에는 실전적인 한계가 있을 수밖에 없다. 무슨 일을 해야 할지, 자신이 가진 인적 네트워크를 어떻게 활용해야 할지 그리고 일을 대하는 태도는 어떠해야 하는지를 잘 모르는 경우가 많다. 물론 나 역시 그랬다. 점점 다가오는 개인의 시대라는 지진 앞에서 무엇부터 해야 할지 몰랐지만, 그렇다고 가만히 있을 수만은 없었다.

탁상공론이라는 말은 한 개인의 삶에도 적용된다. 머리로만 생각하는 미래의 길, 책으로만 공부하는 새로운 삶이란 의미가 크지 않다. 결국은 나 스스로 테스트를 해봐야 했다. 과연 개인의 시대에 개인은 어떻게 살아갈 수 있는지, 정말 그것을 해낼 수는 있는지를 알아야 했다. 그렇게 해서 좀 더 일찍 퇴사를 하기로 결심했지만, 두 아이의 아빠가 아내에게 퇴사를 허락받기란 결코 쉬운 일이 아니다. 웬만큼 단단한 각오를 들려주지 않고서는 꿈도 꾸지 못할 일이다. 더군다나 내 인생의 등락에 따라 아이들의 인생도 천양지차가 될 수 있으니 그 부담감은 말해 무엇할까. 어쨌든 고난의 과정을 거쳐 나는 퇴사를 결행할 수 있었고 회사에서 배운 것들을 통해 네트워크를 만들고, 사람들과의 만남을 통해 씨앗을 뿌리고, 누군가에게는 도와달라고 말하고, 또 누군가를 도와주면서 조금씩 '직장 이후의 독립적 주체'로서의 길을 만들어왔다. 그리고 지금은 다음과 같은 여러 개의 직업을 만들어 활동하고 있다.

- KSEO (사)한국공유경제진흥원 대표
- 강남구 1인 가구 커뮤니티센터 운영법인 대표
- 온라인 쇼핑몰 M사 공동대표, 유통밴더사 CEO
- 명지대 공대 겸임교수, 동국대 최고위과정 주임교수
- 언론사 한국공유경제신문 사장
- 교육부 학점은행제 교육기관 W교육원 교수수
- 통계분석기업 L사 교육사업부 대표
- 미얀마 인재양성학교 사람예술학교 사무총장

- 영화·드라마 콘텐츠 투자 및 제작경영
- 기업·대학·정부기관 자문강사, IT 프리랜서

이렇게나 여러 개의 타이틀을 가지고 있으니 혹시 사기꾼 아니냐고 농담을 하는 사람들도 있다. 하지만 이 직책들은 퇴사 후 고군분투하며 스스로 만든 '사회 경제적 플랫폼'들이다. 어떤 것들은 1년, 어떤 것들은 2년 이상의 씨앗을 뿌리고, 새싹을 키워 얻어낸 결과물이다. 대기업처럼 해당 기관에 매일 출근을 하거나 매일 돌아다니며 근무를 해야 하는 일도 아니다. 간편하게 SNS 메신저, 이메일, 전화로 충분히 업무 추진이 가능하며 수익 또는 가치를 창출하는 사업들이다. 더구나 타이틀의 이름은 달라도 모두 내적인 단일성에 근거하고 있다. 누군가가 이 많은 일을 어떻게 다 하냐고 물어보면 나는 이렇게 답한다.

"저는 하나의 '직장'을 가진 것이 아니라 여러 '직업'을 가졌을 뿐이고 매일 '출근'하는 것이 아니라 매일 '확인'하는 시스템을 가지고 있습니다."

실제로 나는 직장을 벗어나 직업의 경계를 오가면서 더 다양하고 흥미진진한 일을 할 수 있었다. 거기다가 각 분야의 인맥들이 시너지 효과를 발휘했다. 교육 사업을 위해 A라는 사람을 만났지만, 대화를 나누다 보니 공유경제에 관한 일로 의기투합하기도 했다. 유통 사업을 하면서 B를 만났지만, 그는 1인 가구를 위한 별도의 콘텐츠를 가지고 있었다. 미얀마에 봉사를 하러 갔다 경쟁력 있는 무역 아이템을 확보하기도 했다. 이렇듯 경계를 오가면 머릿속의 상상을 현실로 만들어내는 일을 통해 마치 '나만의 영토'를 스스로 개척하는 것 같은 심장의 두근거림을 느낄 수 있었다.

거기다가 모든 일을 내가 다 할 필요도 없다. 적절한 사람을 배치하고 올바른 보상 시스템과 민주적인 수익구조를 만들어 놓으면 일은 알아서 돌아가고, 나는 '확인'만 하면 된다. 메신저로, 클라우드 스토리지로, 개방형 플랫폼으로 충분히 가능한 일들이며 심지어 외국에 있는 사람과 함께 일하는 것도 전혀 문제가 되지 않는다.

직업적 한계를 돌파하고 시공간을 초월하고 국경을 넘나드는 일! 바로 이것이 개인의 시대가 나에게 준 무한한 자유다. 더군다나 지난 몇 년간 돌파하고 초월하면서 익숙해진 나만의 작업 스타일은 언택트 시대를 맞이하면서 더욱 경쟁력을 갖추게 되었다. 뿐만 아니라 이제 대기업에서 받는 월급의 수준을 능가했으니 경제적 자유까지 얻은 셈이다. 지난해 나는 큰딸과 조카를 데리고 '필리핀에서 한 달 살기'를 했다. 아내와 떨어져 나와 아이들끼리만 떠난 모험이기도 했다. 매일 아이들과 영어공부를 하고, 한국에서 먹어보지 못했던 음식을 먹고, 휴양지를 어슬렁거리며 24시간을 오롯이 가족으로서의 공동체를 느낄 수 있는 시간이었다. 최근에는 유튜버에 관심 있는 여섯 살 둘째 딸과 함께 유튜브 페이지를 만들고 썸네일 만드는 법과 유튜브 추천 알고리즘을 배웠다. 많은 아빠가 하고 싶겠지만 하지 못하는 일, 개인의 시대는 나에게 가족에게 충실할 수 있는 기회와 시간도 주었다.

우리가 살아가는 동안 길은 끝나지 않는다. 매일이 새로운 길이고, 매년 새로운 세상의 길을 열어가야 한다. 당연히 내가 걸어온 길이 정답일 리 없다. 하지만 12년간의 직장생활에서 얻은 교훈과 5년간의 테스트 결과가 분명 길을 찾고 있는 많은 직장인에게 소중한 힌트가 될 수 있을 것이라 생각한다.

개인의 시대에는 곧 한 사람, 한 사람이 주인공이다. 그 개인의 가치가 극대화될 때, 과거의 삶이 제시했던 패러다임을 넘어 자신이 주인공이 되는 새로운 패러다임을 누릴 수 있으리라 본다. 팬데믹pandemic, 언택트untact, 뉴애브노멀new abnormal이라는 혼돈의 시대에서 새로운 기회를 찾고 있는 직장인들에게 이 책이 조그만 나침반이라도 될 수 있기를 기대한다.

마지막으로, 나의 어떤 결정에도 한결같은 믿음으로 지지해 주시는 부모님, 인생의 큰 방향성을 짚어주시는 인생 멘토 James kwon(권태훈) 형님, 현시대의 트렌드를 읽고 자신만의 브랜딩을 만들라고 조언해 주신 이진아 크리에이터님, 번뜩이는 기획력으로 늘 곁에서 영감을 주는 25년 지기 친구 영화제작자 구성목, 불확실한 현실에도 곁에서 무던히 지켜봐 주고 언제나처럼 지원을 아끼지 않는 아내 김무희, 내 삶의 의미이자 꿈의 원천인 사랑하는 두 딸 보민·유민에게 감사의 마음을 전한다.

프롤로그 지금도 길을 찾고 있는 동료들에게 × 004

PART 1

새로운 사회가 견인한 개인의 등장

개인의 시대와 혼자서 만드는 독립 비즈니스

한 시대를 풍미했던 전설 같은 이야기 × 023

기술과 뉴애브노멀이 만드는 개인의 시대 × 032

'가치'라는 빅 웨이브가 오고 있다 × 040

우리에게 주어진 새로운 자유와 힘 × 046

개인의 시대, 독립 비즈니스란 무엇인가? × 055

독립 비즈니스는 이렇게 진행된다 × 061

지금부터 더 중요해진 연대의 새로운 방법 × 077

개인의 시대에 필요한 'CSR'의 새로운 관점 × 082

'나+나'가 만드는 '나들'의 시대 × 087

PART 2

개인의 시대는 '지금, 여기'에서 준비한다

직장에서 새로운 삶과 미래를 성찰하다

직장 이후 5년, 나를 테스트하는 성장의 시간들 × 095

능력 있는 놈이 직업도 많다 × 101

'슬픈 이야기'의 주인공이 되지 않기 위해 × 107

빛내도 슬프지 않은 가상 사장 체험 × 112

이제껏 내 월급은 누가 주었을까? × 116

'생존의 비결' 같은 건, 이미 당신도 알고 있다 × 120

언제 '개인의 삶'으로 도약할 것인가? × 128

PART 3

나만의 비즈니스를 찾아가는 비즈니스 프로듀싱

발상과 능력, 시스템의 전환

추진력 이전에 기획력 × 137

실행력을 높이는 반응력의 비밀 × 144

비즈니스 프로듀서를 위한 양손잡이 전략 × 149

스타가 아닌 '어벤져스'를 만들어나가는 힘 × 153

끊임없이 해야 할 '시장 찾아 삼만리' × 160

비즈니스를 만드는 발상의 전환법 × 167

바뀐 강의 패러다임에 뛰어드는 법 × 173

공공 기관도 훌륭한 사업 파트너다 × 178

우리 안의 공유 경제를 위한 제안 × 182

PART 4

개인의 삶을 펼치는 네트워크의 힘

능력을 쉐어하고 성과를 나눠라

지인을 '사업 파트너'로 만드는 빌드-업의 위력 × 191

매 순간이 프레젠테이션이다 × 198

키맨을 터치하는 능력 × 203

성공 이전에 자신의 매력부터 × 208
일, '열심히만' 하면 되는 것일까? × 214
필요한 도움을 얻어내는 법 × 221
상대방의 마음의 문을 여는 히든카드, 유머 × 227

PART 5

새로운 일, 그리고 그 일에 대한 에티튜드

일이 바뀌면 마인드도 바뀌어야 한다

내 안에 '감정 조절팀'을 두어야 하는 이유 × 235
나를 평화롭게 만드는 힘 빼기의 기술 × 240
이윤을 위한 영악함, 혹은 진심이 있는 영리함 × 245
진짜가 되어 보지 않겠는가? × 251

에필로그 인생을 재구조화하는 멋진 기회 × 256
부록 헌우 씨와 아라 씨의 '내 인생 개척법' × 260
참고문헌 × 269

PART 1

새로운 사회가 견인한 개인의 등장

개인의 시대와 혼자서 만드는 독립 비즈니스

개인의 시대라고 해서 이 시대가 호락호락한 것은 아니다. 어쩌면 과거보다 좀 더 많은 역량을 필요로 한다고 볼 수 있다. 집단의 시대에는 개인이 집단에 '묻어서' 갈 수 있었다. 회사 내에 능력 없는 임원이 몇 명 있다고 해도 회사는 오늘도 그럭저럭 굴러간다. 그런데 개인의 시대는 개인이 주인공이자 주체가 된다. 비빌 언덕도 없고, 묻어갈 기회도 사라진다.

그러나 이러한 시대를 오히려 반기는 사람도 있다. 그간 집단에 묻혀 자신의 능력을 충분히 인정받지 못한 사람들이다. 이런 관점에서 본다면 개인의 시대는 훨씬 더 '스마트한 시대'라고 봐야 한다. 이 말은 노력한 만큼 더 빛날 기회가 많으며 원하는 만큼 얻을 수 있는 것도 많은 세상이 펼쳐졌다는 의미이기도 하다.

새로운 시대가 펼쳐지면 그에 맞는 새로운 인재로 변신해야 한다. 그래야 자유롭게 일하면서도 직장에서의 월급 이상의 돈을 벌 수 있는 자신만의 '독립 비즈니스'를 해나갈 수 있다. 우선 우리가 살아가는 이 세계에 지금 어떤 변화들이 닥치고 있는지 차근차근 살펴보자.

한 시대를 풍미했던 전설 같은 이야기 × 미래를 살아가는 새로운 삶의 방식

미국 샌프란시스코에는 '헌세이커 앤드 어소시에이츠HUNSAKER & ASSOCIATES'라는 토목 설계회사가 있다. 측량 및 지도 제작, 도시 엔지니어링, 국토 계획 등의 일을 하는 회사다. 이 회사에서는 평균 400명 정도가 일하지만 그중에 약 50%에 육박하는 200명은 정규직이 아닌 프로젝트 기반의 비정규직 전문가 노동자들이다. 이 회사는 이런 사람들과 일하면서 정규직 직원에 못지않은 전문성을 얻음은 물론이고 업무의 효율성도 더 높아진다고 말한다. 한 회사의 노동자 중 절반이 비정규직이라는 것, 그러면서도 회사와 노동자 모두 매우 만족한다는 것은 새로운 고용 형태의 단면을 잘 보여준다. 실제 이 회사의 모토 중 하나는 "개인과 회사의 협력을 강화한다."이다. 그저 미국에서나 볼 수 있는, 아주 특이한 길을 가는 한 회사의 이야기일 뿐이라고 생각하는가? 그렇지 않다. 어쩌면 그 길은 앞으로 많은 기업들이 걸어가야 할, 그리고 걸어갈 수밖에 없는 길이기도 하다.

직원 중 절반이 프로젝트 기반 계약직

경제 및 사회 체제의 변화와 함께 매우 유연하게 변하는 곳이 바로 노동시장이다. 우리나라에 비정규직이 급격하게 늘어난 시기는 IMF 사태로 인해 신자유주의가 도래하면서부터였다. 그전까지 우리 사회는 매우 견고한 '평생직장'의 개념과 '연공서열'이 유지되어 왔다. 하지만 사회·경제적 체제의 변화는 급격하게 비정규직을 양산했고, 이는 개개인의 수입과 인생의 행보에 절대적인 영향을 미쳤다.

그런데 이제 시대는 또다시 급격한 대전환점을 앞두고 있다. 바로 그냥 정규직이 아닌 '슈퍼 비정규직', 혹은 '프리랜서 이코노미'의 시대가 오고 있기 때문이다. 이러한 시대에는 비정규직이 오히려 정규직보다 더 많은 돈을 벌고 여유로운 생활을 즐기는, 변종된 형태의 고급 노동자가 탄생한다. 그들은 오히려 회사에 얽매이려 하지 않기 때문에 바로 '자발적 비정규직'으로 통칭할 수 있다. 이런 사회에서는 지금의 '정규직 vs 비정규직'의 대립 자체가 해체되고 새로운 노동 및 고용 여건을 불러올 것으로 보인다. 우리가 회사를 떠나 자발적인 비정규직이 되는 것은 바로 이렇게 우리 앞에 도래하는 새로운 시대에 더 많은 돈과 여유를 위한 또 하나의 전략으로 바라볼 수 있다.

이런 흐름은 그저 한 회사의 개별적인 판단에 국한되지 않는다. 시대적인 흐름이 그렇게 가고 있다. 현재 미국 경제에서는 이 프로젝트 단위의 비정규직이 매우 큰 비중으로 떠오르는 추세다. 지난 2014년까지 미국에서 일하는 프리랜서의 숫자는 5,300만 명 정도였다. 그리고 지난 2018년의 보고에 따르면 그 숫자가 무려 370만 명이나 늘어나 5,680만 명이 됐다. 이 기간 동안 정규직은 230만 명이 늘어난 것에 그쳤다. 현재 미국인 세 명 중의 한 명이 바로 이런 근무 형태를 유지하고 있다. 유럽연합EU에서도 꾸준히 늘어나 그 비율이 16.1%에 이른다.

단지 경제가 어렵기 때문에 생겨난 현상일까? 그렇지 않다. 프리랜서로 활동하는 미국인 10명 중 아홉 명은 앞으로도 이 시장이 더욱 늘어날 것이라고 생각하고 있으며, 그중 다섯 명은 '기존의 직장으로 돌아갈 생각은 없다'고 밝히고 있다. 실제로 이런 사람들 중에서 '어쩔 수 없이 프리랜서로 일한다'로 말하는 사람은 37% 정도에 그친다. 2014년에 47%에 육박한 것에 비하면 10%가량이 줄어든 셈이다. 밀레니얼 세대도 이 흐름에 동참하고 있다. 프리랜서 중에서 밀레니얼 세대의 비율은 최근 몇 년 사이 11%에서 28%로 늘어

전 세계 프리랜서 수입 성장률 상위 10개국(2019년 2분기)

순위	국가	전년 대비 성장률
1	미국	78%
2	영국	59%
3	브라질	48%
4	파키스탄	47%
5	우크라이나	36%
6	필리핀	35%
7	인도	29%
8	방글라데시	27%
9	러시아	20%
10	세르비아	19%

(출처: 페이오니아 코리아)

전 세계 프리랜서 연령별 분포 및 수입 현황(2019년 2분기)

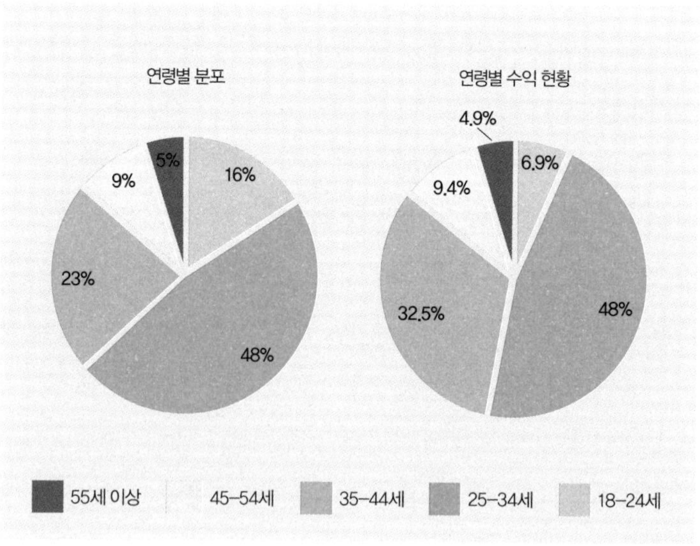

(출처: 페이오니아 코리아)

나고 있다.

그렇다면 수입 부분에서는 어떨까? 만약 수입은 늘지 않고 숫자만 늘어난다면 이 시장은 열악한 사람들이 모이는 곳이라고 볼 수 있을 것이다. 하지만 현실은 전혀 다르다. 2019년 미국 프리랜서들의 수입은 전년 동기 대비 78%나 증가했다. 영국 프리랜서들의 수입 역시 59%가 늘어났다. 놀라운 사실은 파키스탄에서도 동일한 현상이 발생하고 있다는 점이다. 파키스탄의 국내 총생산은 전 세계 41위, 국민총소득은 세계 37위이다. 우리의 입장에서 본다면 다소 후진국에 속한다. 하지만 이 나라의 프리랜서들 역시 수입은 전년 동기 대비 47%나 높아졌다. 결과적으로 이렇게 특정 회사에 얽매이지 않는 '자발적 비정규직'의 일종인 프리랜서가 증가하는 새로운 경제, 사회적인 체제는 어느 한 나라에서만 발생하는 것이 아니라 글로벌하게 발생하는 보편적인 현상이라고 할 수 있다.

물론 아직 우리나라에서는 이러한 시장이 활짝 피고 있지 않지만 그것도 시간의 문제일 뿐이다. 과거 우리나라에도 일본과 같은 연공서열 그리고 평생직장을 추구하는 근로 문화가 견고했다. 하지만 그 시대는 끝났음에도 불구하고 아직 그것에 대한 향수가 남아 있다. '안정적인 정규직'이라는 개념이 여전하기 때문이다.

이제 우리나라에서도 이러한 새로운 직업의 형태를 원하는 젊은 이들이 점차 늘어나고 있다. 지난 2015년 국내의 한 온라인 취업포털에서 직장인 1,300여 명을 대상으로 '부러워하는 직업'을 조사했다. 전체의 절반에 해당하는 사람들이 '공무원'을 꼽았다. 그런데 여기에서 주목해야 할 점은 2위 기술직, 3위 교사에 이어 4위를 프리랜서가 차지했다는 점이다. 자영업자와 사업가는 오히려 프리랜서보다 더 선호하지 않는 것으로 나타났다. 2004년의 설문조사와 비교해보면 10년 사이 얼마나 사람들의 인식이 확연하게 변했는지 드러난다. 당시 설문조사에 의하면, 부러워하는 직업은 1위 공무원에 이어 의사, 변호사, 회계사, 교수 순이었다. 프리랜서는 부러움의 대상에 끼지도 못했다.

이러한 사실들을 종합해본다면 이제 사회구조적으로 자발적 비정규직인 프리랜서가 확산되고, 더 많은 돈을 벌고 있으며, 또한 이들에 대한 인식도 매우 개선되고 있다는 사실을 알 수 있다. 비록 그들을 '비정규직'이라고 부르겠지만, 이는 지금의 정규직과의 대립 구도에서 보는 비정규직이 아니다. 정규직보다 더 위에 있는 비정규직, 바로 '슈퍼 비정규직'의 탄생이며 바로 이것이 '프리랜서 이코노미'를 이끌어가고 있다. 이러한 경제 구조에서는 개인이 곧 회사가 된다.

이는 경제학적으로 보자면 '긱 경제Gig Economy'로 설명할 수 있다. '긱gig'은 재즈 연주자들이 즉흥적으로 연주자들을 섭외하는 것을 지칭한다. 미래의 경제와 기업은 프로젝트의 단위에 따라서 사람을 고용하고, 그 프로젝트가 끝나면 팀은 해체된다.

특히 이런 환경은 시대적인 변화와 밀접하게 연관되어 있다. 즉, 한순간의 트렌드가 아니라 미래의 발전 방향으로 고착화될 가능성이 크다는 점이다. 무엇보다 변화가 빠른 시대라는 점이 이러한 흐름을 주도하고 있다.

기업이 이렇게 빠르게 변화해야 하는 시대에 적절하게 대응하는 것도 중요하지만 더 중요한 것은 정규직 인재들이 과연 여기에 대응을 할 수 있느냐의 문제다. 올해 신제품을 내는 데 필요한 인력을 뽑았지만, 3~4년 후에는 그 인재가 반드시 필요하지 않은 시대가 올 수 있다. '끊임없이 변하는 세상'에서 '고정적인 인건비'를 사용하는 일은 기업 입장에서 과도한 비용만 나가는 일이다. 그럴 바에야 차라리 외부의 전문 인력을 필요한 기간만 쓰는 것이 훨씬 더 장점이 많다.

또한 이제 사람들은 직장에 고용되지 않고도 얼마든지 일을 할 수 있다. 정보통신 기술이 오늘날처럼 발달되지 않았을 때는 프리랜서로 일하는 것이 오히려 더 어려운 일이었다. 하지만 이제는 지구 반대편에 있어도 회의, 일상적 커뮤니케이션, 작업물의 전달 등에 아무런 어려움이 없다. 굳이 과거처럼 직원을 한곳에 모아놓고 일을 할 필요 자체가 없다.

또 해고가 점점 더 어려워지고 있다는 점도 기업에서는 정직원을 기피하는 하나의 이유가 된다. 심지어 실리콘밸리에서는 C[Chief] 레벨 또는 슈퍼 인재를 고용하는 새로운 방법을 만들어내기도 했다. 이들에게 '가상[Virtual]'의 직위를 부여해 필요한 시간만큼 활용하는 방법이다. 예를 들면 V-CHO(가상의 인사 최고책임자), V-CMO(가상의 마케팅 최고책임자)의 형태로 고용하는 것이다. 이렇게 하면 고급 인력을 효율적이면서 유연하게 주 2~3회만 출근하게 해 주요 의사결정에 관여하게 할 수 있다. 이처럼 최첨단 IT 기업 역시 '긱 이코노미 플랫폼'을 통해 슈퍼 인재를 찾아내고 급격히 변화되는 노동시장에 적응해 나가고 있다.

뿐만 아니라 2020년 세계를 강타한 코로나19로 인해 수많은 기업이 정리 해고를 하면서 팬데믹에 대응하기도 했지만, 또 한편으로는 비대면 재택근무가 시행되면서 예전에는 상상하지도 못했던 노동 환경이 펼쳐지기도 했다. 이를 통해 근로자들은 언택트[untact]로 자유롭게 복수의 일을 할 수 있었고 '긱'으로서 노동을 시험해보기도 했다. 우리나라뿐만 아니라 심지어 국경을 넘어 전 세계의 재능 있는 인재들 역시 마찬가지였다. 이처럼 능력 있는 많은 인재가 긱 경제라는 새로운 환경 아래서 업무의 수요에 맞춰 유연하게 업무를 수행하는 시대가 열린 것이다.

이제 조금 더 시간이 흐르면 '대기업에 들어가야지?'라거나 '공무원이 참 좋은 직장이야'라는 말은 한 시대를 풍미했던 전설 같은 이야기가 될지도 모른다. 개인의 시대를 살아가는 자발적 비정규직, 슈퍼 비정규직은 대기업이 정규직원에게 주는 조건을 뛰어넘을 수 있고, 직업안정성은 있지만 개인의 창의성 발휘가 다소 제한적인 공무원의 한계를 보완할 수 있기 때문이다. 이제 우리 앞에는 미래를 살아가는 새로운 삶의 방식이 펼쳐지고 있다.

기술과 뉴애브노멀이 만드는 개인의 시대

×

답은 정해져 있으니, 이제 대답만 하면 된다

자발적 비정규직이 늘어나는 이유를 좀 더 현실적인 이유에서 찾아보자. 그것은 바로 세계 경제의 구조가 그렇게 변하고 있기 때문이다. 가장 큰 두 가지의 이유는 '새로운 기술'과 '자본주의'의 본질적인 속성 때문이다.

기술의 변화와 사회의 변화는 누군가가 제어할 수 있는 것이 아니다. 그것은 그 자체로 굴러간다. 그렇기에 이를 우리는 '불가역성'이라 표현한다. 되돌릴 수 없다는 뜻이다. 어쩌면 이러한 변화를 우리의 일상에서는 잘 느끼지 못할 수도 있다. 지금 다니는 회사도 그럭저럭 돌아가고, 월급도 잘 나오기 때문이다. 내 일상도 크게 흔들리지 않는 것 같으니 그 변화의 실체를 몸으로 느끼기는 쉽지 않다. 취미 활동을 함께 하는 친구들 역시 취미에 몰입해 즐거운 인생을 살아가고 있으니, '패러다임의 변화', '미래 예측', '기술 혁신'이라는 단어들은 그저 벽장 안에 존재하는 박제와 비슷하다는 느낌이 들 수도 있다.

영국의 생태학자 그레고리 베이트슨Gregory Bateson이 실행한 '삶은 개구리 실험'을 들어보았을 것이다. 물의 온도가 서서히 올라가면 개구리는 그곳을 빠져나가지 못하고 결국 익어버리고 만다. 핵심은 '서서히'라는 점이다. 지난달이나 이번 달이나 큰 변화가 없는 것 같기에 우리는 변화를 잘 느끼지 못한다. 이렇게 우리가 무딘 이유는 5년 뒤, 10년 뒤를 갑자기 바꿀 변수들이 '서서히' 오고 있기 때문이다.

370만 원이 30만 원으로, 이게 파괴적 혁신이다

4차 산업혁명의 기술이 수많은 일자리를 뺏는다고 하지만, 중요한 점은 '뭔가 대단한 기술'이 일자리를 뺏는 게 아니라 '매우 사소한 기술'이 이미 우리 일자리를 뺏고 있다는 점이다. 헤비급 선수가 내지를 핵주먹이 대단할 것이라 두려워했지만, 사실은 라이트급 선수의 잦은 펀치에 나가떨어지는 형국이다. 이제는 패스트푸드점에서 무인 주문기 키오스크를 흔히 볼 수 있다. 그런데 키오스크는 따지고 보면 매우 간단한 기계다. 그래픽, 텍스트가 구현되는 모니터

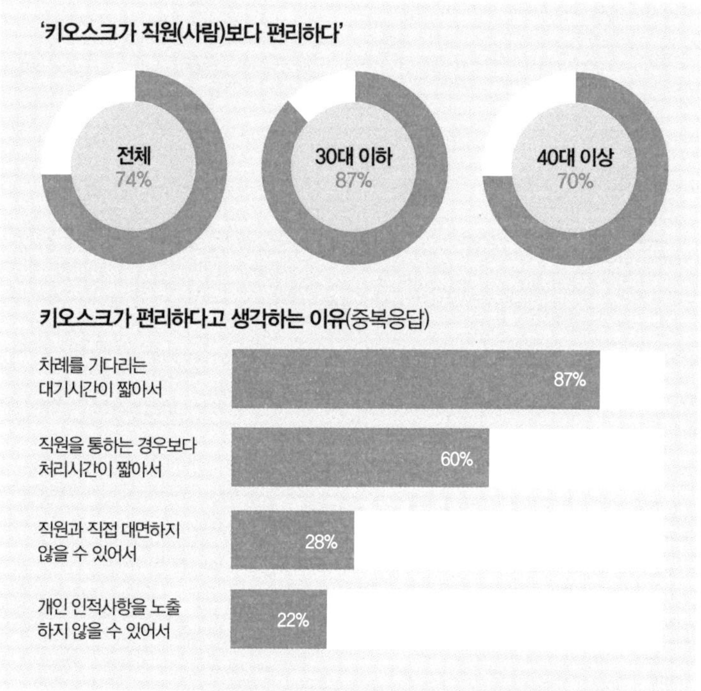

출처: 정보통신기술진흥센터(현 정보통신기획평가원)

에다 센서 기술을 장착하고, 결제 기능을 넣으면 된다. 사실 공학자들에게 이 정도의 기술은 매우 '올드한' 기술에 속한다. 중요한 것은 이런 몹시도 간단한 기계가 현재 수많은 사람의 일할 기회를 뺏고 있다는 점이다. 4차 산업혁명에는 끼지도 못할 이런 하찮은 기술들이 이미 우리를 위협한다는 점은 앞으로의 현실이 어떻게 될지 예견할 수 있도록 해준다.

자영업자들은 한 대의 키오스크가 영업장에서 1.5명의 역할을 한다고 말한다. 최저임금으로 1.5명의 임금을 계산하면 대략 한 달에 370만 원 정도이다. 하지만 이런 키오스크의 한 달 대여료는 10만 원에서 30만 원이다. 세상을 놀랍도록 변화시키는 기술도 파괴적 혁신이지만, 생산과 판매의 과정에서 370만 원의 인건비를 10~30만 원으로 낮추는 것도 분명 파괴적 혁신이다. 만약 키오스크를 한 번에 구매하면, 투자비를 회수한 뒤 들어가는 비용은 0원이다.

인공지능이나 빅데이터, 자율주행차, 블록체인 등 4차 산업혁명의 무서운 점이 바로 여기에 있다. 이들은 키오스크보다 수백 배나 더 많은 역할을 할 수 있으니, 미래를 맞이해야 하는 우리들의 마음은 살 떨리고 불안하지 않을 수 없다. 하지만 이렇게 생각하는 사람들도 있을 수 있겠다.

"내가 키오스크 따위로 대체될 수 있는 단순 노동을 하는 사람은 아니지. 내가 손님을 대면해서 물건을 파는 사람은 아니잖아? 그래도 나는 정규직 사무직인데…."

하지만 정규직이라고 결코 철옹성은 아니다. 지금 현재 단단해 보이는 고용 형태의 안정성을 파괴하는 것이 바로 기술이다. 한때 안정적이고 많은 월급을 받았던 1순위 직업이 바로 은행원이었다. 하지만 은행원들의 숫자는 계속해서 줄어들고 있다. 2018년 4월 금융감독원의 자료에 따라면 국내 은행의 임원 및 직원 감소폭은 2015년 1,890명, 2016년 2,248명, 2017년 3,062명이다.

한 대형 은행의 경우는 45세 이상으로 해왔던 희망퇴직 대상자 기준을 '근속 10년 차 이상'으로 바꿔 업계에 큰 충격을 주기도 했다. 30살에 입사했다면 이 기준에 따라 40살에도 퇴직을 할 수 있다. 이런 일이 벌어지는 이유는 간단하다. 은행 모바일 앱 때문이다. 모바일 앱이 등장하면서 은행의 대면 업무는 과거 100%에서 10%로 쪼그라들었다. 그렇다고 이 모바일 앱이 최첨단을 달리는 기술일까? 전혀 그렇지 않다. 키오스크보다는 어려운 기술이지만, 4차 산업혁명의 기술에 비하면 이 역시 '라이트급 선수의 잔 펀치'에 불과하다.

계속해서 등장하는 변칙과 비정상

'질 좋은 일자리'라고 불리는 대기업 정규직은 지난 2017년을 즈음해서 9만 개가 사라졌다. 이러한 현상들은 그저 '경기 침체' 때문이라고 볼 수는 없다. 자본주의는 호황과 불황을 끊임없이 반복하는 특징을 가졌기 때문이다. 그나마 과거에는 호황이라도 있었지만, 이제는 그마저도 사라졌다. 세계적 경제학자들은 지금의 글로벌 경제가 '뉴노멀New Normal(새로운 정상 상태)'에서 '뉴애브노멀New Abnormal(새로운 불확실성 상태)'로 접어들었다고 진단한다. 호황이 완전히 사라지고, 불황이 일상이 된 세계에서 더 나아가 시장이 계속해서 변칙적으로 바뀌고, 알 수 없는 비정상적인 변수가 계속해서 등장하는 세계가 되었다는 이야기다. 더군다나 코로나19 사태와 같은 돌연변이 바이러스의 등장은 이러한 비정상적인 변수가 다양한 형태로 나타나고 있음을 보여준 대표적인 사례이다.

아예 회사가 해체되는 흐름도 존재한다. 전문가들은 미래의 기업이 '상호연결된 공동체interlinked community' 형태로 바뀔 것이라고 말한다. 즉, 기업이 지금처럼 하나의 독자적인 존재가 아니라 '상호연결된 네트워크의 구성원'으로 존재한다는 이야기다. 아주 소수의 핵심 조직만이 존재할 뿐, 나머지의 모든 업무는 외부에서 해결하게 된다. 인공지능의 발전으로 총무며 회계 등은 컴퓨터가 알아서 할 것이고, 리서치가 필요하면 빅데이터를 활용하면 된다. 스마트 팩토리와 3D 프린터가 발전하기 때문에 공장에서 일해야 하는 노동자 수도 현저하게 줄어든다. 더군다나 IoT 기술로 초연결된 사회이기 때문에 일부러 사무실을 마련해서 임대료를 낼 필요도 느끼지 못한다. 사실 애초에 회사는 소통을 원활하게 하고 비용을 줄이기 위해서 '한 공간에서 동시에 일하는 방식'으로 발전해왔다. 문제는 이제 이렇게 '한 공간에서 동시에 일하는 방식'이 더 많은 돈이 든다면 회사는 이 방식을 유지할 필요가 없다. 그래서 이제는 위계적이고 수직적인 조직이 아닌, 평등하고 창의적인 각 분야의 전문가들이 네트워크를 중심으로 협업을 하는 것이 회사의 미래 형태가 될 수 있다.

더구나 이러한 새로운 형태의 노동은 2020년 코로나19 사태를 거치면서 '강제 테스트'가 되었다고 할 수 있다. 기업들은 전례 없는 원격근무, 재택근무를 시행하면서 그 새로운 가능성에 대해 눈을 뜨게 됐다. 직장인들 역시 일부는 '의외로 나와 잘 맞는 근무 형태'라는 이야기를 하기도 한다. 심지어 미국 버클리대학교 공공정책 대학원 로버트 라이시Robert Reich 교수는 이번 사태를 거치면서 '새로운 계급'이 등장했다고 진단했다.

사회적 불평등 연구의 석학으로 손꼽히고 있으며 빌 클린턴 행정부에서 노동부 장관을 역임하기도 한 라이시는 '코로나 4계급'이라는 이름으로 현재의 노동자들을 노동의 종류에 따라 네 가지로 분류했다. 그중 첫 번째로 꼽은 계급은 '노트북으로 장시간 일할 수 있고 화상회의를 하거나 전자문서를 다룰 수 있으며 전문성으로 무장한 원격근무가 가능한 노동자The Remotes'이다. 이들은 코로나와 같은 감염병의 대유행에서 이전과 동일한 임금을 받는 근로자로, 위기를 잘 견딜 수 있는 계급이다. 두 번째 계급은 '필수적 노동을 해내는 노동자The Essentials'이다. 의사, 간호사, 재택 간호 · 육아 노동자, 농장 노동자, 음식 배달 및 공급자, 트럭 운전기사, 창고 · 운수 노동자, 약국 직원, 위생 관련 노동자, 경찰관, 소방관, 군인 등이다. 사회가 위기에 빠졌을 때 꼭 필요한 일을 해내는 사람들이다. 이들은 팬데믹 상황에서도 일자리를 잃지는 않지만, 위험에 노출될 수 있다는 단점이 있다.

세 번째 계급은 제조업 직원, 소매점이나 식당에서 일하는 '임금을 받지 못한 노동자The Unpaid'이다. 코로나 사태로 인해 해고된 많은 사람이 바로 이 계급에 속한다. 네 번째 계급은 이민자 수용소, 이주민 농장 노동자 캠프, 아메리칸 원주민 보호구역, 노숙인 시설 등에 있는 '잊혀진 노동자The Forgotten'이다. 특히 이들은 물리적 거리 두기가 불가능한 공간에 있기 때문에 감염병에 가장 취약한 계급이기도 하다.

이렇게 나누어진 노동 계급을 보면 당신은 무슨 생각이 드는가? 감정적인 접근보다는 냉혹한 현실을 먼저 직시할 필요가 있다. 이 같은 감염병은 앞으로 계속해서 변종 바이러스로 발생할 것이라는 전문가들의 진단이 지배적이다. 이러한 전 지구적인 환경은 기업과 일하는 방식의 근본적인 변화를 요구하고 있으며, 이미 이 변화는 우리 가까이에 다가와 있다.

어쩌면 답은 이미 정해져 있을지도 모른다. 새로운 직업 형태의 등장은 속칭 '답정너'이다. 지금 세상은 '미래 직업의 답은 정해져 있으니 너는 새로운 길을 찾아 나서야 한다'고 말하고 있다.

'가치'라는 빅 웨이브가 오고 있다

×

더 나은 돈벌이가 아닌 더 나은 가치

사업이란 무엇보다 새로운 시대의 흐름에 적합해야만 한다. 거대한 시장이 형성되고 있는 곳에 뛰어들어야지, 줄어들고 퇴색하는 시장에 뛰어들어봐야 그 한계를 넘어서지 못한다. 그런 점에서 지금 시장이 어디로 향하고 있는지, 그 시장 안에서 무엇이 중요하게 여겨지는지를 반드시 따져보아야 한다. 그 안에서 자신만의 영역을 찾을 수 있다면, 새로운 시대와 함께 승승장구할 수 있는 비즈니스를 펼쳐나갈 수 있기 때문이다. 이것을 '빅 웨이브Big Wave'라고 표현하고 싶다. 이 말은 '대세, 큰 흐름에 올라탄다'라는 의미이기도 하지만 '그렇게 하지 않으면 죽는다'는 강제성도 포함한다. 지금 우리 시대의 새로운 빅 웨이브, 그것은 바로 '가치'이다.

제품보다 더 중요한 가치

사업이 성공하려면 누군가가 소비를 해주어야 한다. 그리고 이 소비의 기준은 이제껏 우리가 알고 있는 가격이나 제품의 퀄리티 등으로 통칭되는 '경쟁력'이다. 가성비라는 말도 결국 이러한 경쟁력을 지칭하는 말이다.

그런데 밀레니얼 세대의 등장, 그리고 우리나라의 소득이 3만 달러를 넘어서면서 기존의 '경쟁력'이라는 것을 뒤흔드는 근본적인 새로운 흐름이 나타났다. 바로 '사회적 가치'다. 이는 자신의 가치와 회사의 가치가 비슷할 때 제품 구매율이 더 높다거나, 환경에 더 많은 관심을 가지는 회사의 제품을 구매하는 소비자 행동을 말한다. 기성세대의 소비와는 완전히 다른 행태다. 과거에는 제품 그 자체를 보거나 혹은 브랜드를 보고 제품을 구매했다면, 이제 새로운 세대의 소비는 제품이 가지고 있는 '가치'를 본다는 의미이다.

광고 대행사 바클리Barkley가 조사한 바에 따르면 밀레니얼 세대의 50% 이상은 '회사의 가치가 나의 관심 분야를 지원할 때 그 제품을 구매하려는 경향이 있다'라고 답했다. 또 〈포브스〉의 조사에 의하면 밀레니얼 소비자의 90% 이상이 '기존 제품보다 사회적으로 좀 더 의미 있는 제품을 구매하겠다'고 답했다.

공평하고 윤리적인 무역거래를 통해 저개발 국가의 빈곤 문제를 해결하려는 공정무역, 비윤리적 동물 학대행위를 하지 않았다는 사실을 인증하는 RDS Responsible Down Standard 인증 제품, 폐플라스틱이나 기타 폐기물 물건을 재사용해서 만드는 가방이나 액세서리 제품 등도 모두 여기에 속한다.

최근 우리는 이러한 현상을 직접 목도하기도 했다. 2019년에 불어 닥친 일본 제품 불매 운동이 바로 그것이다. 젊은 세대들도 좋아했던 일본 맥주는 점유율 1위에서 순식간에 추락했고, 일본 여행 인구도 반토막이 났다. 특히 이러한 불매 운동은 20~30대가 주도한 것으로 알려졌다. 제품 그 자체로만 보면 도저히 이해할 수 없는 대목이기도 하다. 과거에도 불매 운동이 있었지만, 순식간에 사그라졌던 반면, 젊은 세대가 주도한 이 불매 운동의 한가운데에는 바로 '가치'라는 것이 존재했다. 불매 운동 초기에 일본 기업가나 정치인들이 '한국인들의 불매 운동이 오래가지 못할 것'이라고 말했던 것은 바로 소비의 뒤에 있는 '가치'의 측면을 전혀 간파하지 못했기 때문이다. 자신들의 제품이 우수하고 좋다는 자신감을 가지고는 있었지만 그보다 '가치'를 더 중요시했던 젊은 한국인들의 달라진 소비습관에 대해 무지했던 탓이기도 하다.

소비에 가치가 더해졌다는 것은 단지 '요즘 소비자들의 구매 트렌드가 달라졌다'와 같은 단순한 의미가 아니다. 이것은 자본주의의 한 축이 근본적으로 변화하고 있다는 의미다. 자본주의란 생산과 소비로 구축이 된다. 생산이 멈춰도 자본주의는 위기에 처하지만, 소비가 멈춰도 자본주의는 심각한 위기에 빠지게 된다. 이 중요한 소비의 측면이 변하고 있다는 것은 말 그대로 거대한 변화라고 할 수 있다.

그리고 가치를 중심으로 하는 이러한 시장 질서는 '소비에서의 개인의 시대'가 왔다는 사실을 잘 보여준다. 가치란 결국은 개인의 신념이고 철학이다. 과거의 소비 과정에서는 이런 개인의 신념과 철학이 끼어 들어갈 틈이 없었다. 하지만 이제는 소비에서도 개인의 모습이 전면적으로 드러나고 있다.

빅 웨이브가 오고 있다

이러한 사회적 흐름은 자신의 일을 찾을 때에도 똑같이 적용된다. 그것은 바로 '사업을 구상할 때 어떤 가치를 앞세울 것인가?'에 대한 부분이다. 어쩌면 '더 나은 돈벌이'만을 위해서 퇴사를 하는 사람은 그리 많지 않을 것이다. 만약 그렇다면, 퇴사는 아주 잘못된 선택이 된다. 회사에 있는 것이 최소한 어느 시기까지는 가장 안정적인 돈벌이기 때문이다.

우리 주위를 둘러보면 어떤 회사는 환경적인 가치를 전면에 내세우기도 하고, 또 어떤 회사는 사회적 약자에 대한 가치, 또 유기 동물에 대한 가치를 내세운다. 북극곰을 내세워 환경보호에 대한 가치를 전면에 내세우는 기업도 있다. 따라서 자신의 비즈니스를 만들 때는 제품의 경쟁력과 함께 젊은 세대가 '소비할 수 있는 가치'를 함께 구축하는 일이 필요하다.

'공유경제'나 '구독경제'도 결국 이러한 사회적 가치를 사업화 한 형태라고 볼 수 있다. 우리가 잘 아는 '아나바다(아껴 쓰고 나눠 쓰고 바꿔 쓰고 다시 쓰고)'처럼 사회에서 낭비되는 요소를 줄이고, 나누고 함께 씀으로써 자원을 아끼고 소비도 줄이는 가치가 바로 공유경제의 지향점이기 때문이다. 물론 가치를 통해 사업을 하는 방법이 꼭 공유경제만 있는 것은 아니다. 그런 점에서 현재와 미래 세대에게 어떻게 하면 더 긍정적인 영향을 미치는 '가치'와 함께할 것인가 또한, 어떤 '가치'로 사업을 할 것인가 역시 매우 중요한 문제이다.

이렇게 제대로 올바른 가치를 설정해놓으면 함께할 사람을 모으고 일을 진행시켜 나가는 데에도 도움이 된다. 사익과 욕심을 내세워 사람을 모으지 말고 그들이 선호하는 가치를 통해서 경제적인 부를 창조하려고 할 때 비로소 참여자들의 개성과 열정이 분출할 가능성이 클 것이다. 이런 방식의 일은 '돈을 줄 테니 일을 해달라'와 전혀 다른 문제다. 가치에 충분히 동의하고 동참한 사람은 자신들의 가치를 훼손시키지 않으려고 하는 과정에서 돈으로 보상받는 것 이상의 열정과 의지를 발휘할 수 있다.

그래서 나는 새로운 사업을 시작할 때마다 '도대체 이 일은 무슨 가치가 있는가?'를 생각하곤 한다. 그저 돈만 버는 비즈니스인가, 아니면 누군가에게 자랑스럽게 내세울 수 있는 올바른 가치를 가진 일인가? 만약 이 부분에서 동의가 되지 않으면 우선 나 스스로도 그 일을 하지 않는다. 나도 동의하지 못하는 일에 타인들의 동참을 요구할 수는 없기 때문이다.

이렇게 사업적인 가치를 따지는 것도 중요하지만, 함께 일하는 사람들 사이에서 어떤 가치가 관계의 중심에 있는지도 살필 필요가 있다. 모두 동의할 수 있을 정도로 공정한지, 결과를 나누는 일이 정의로운지, 일을 배분하는 것은 평등한지를 생각해야 한다. 이런 기운이 조직문화에 흘러넘치면, 이를 동경해서 함께 일하자고 하는 사람들이 더 늘어나기도 한다.

'가치'란 양쪽 면에서 파도치듯 다가오는 빅 웨이브다. 비즈니스의 방향성은 물론이고, 그것을 함께하는 사람들 사이에서도 더할 수 없는 중요성을 가지고 있다. 모든 일의 출발점에서 가치를 점검하고, 함께 일하기 전에 조직 내의 가치를 다지는 것. 바로 이것이 '가치 중심의 소비'라는 새로운 트렌드를 반영하는 일이다.

우리에게 주어진 새로운 자유와 힘

×

하고 싶은 것을 다 할 수 있는 시대의 도래

우리는 지금까지 시대가 어떻게 변하고 있는지를 다양한 측면에서 살펴봤다. 경제의 구조, 소비의 방식, 기술의 발전, 전문성을 가진 노동자의 신분 변화 등. 이 많은 변화들이 지목하는 것은 하나, 바로 '개인의 시대'이다. 이를 단 한마디로 정의하자면, '개인이 자유롭게 일하면서 스스로 돈을 벌 수 있는 구조를 만들 수 있는 시대'라고 할 수 있다. 이제 더는 회사에 의존하지 않고 스스로 주체가 되어서 비즈니스를 주도할 수 있어야 한다.

그렇다면 '회사로서의 개인'이 되기 위한 충분한 환경이 어느 정도 갖춰져 있는지를 한번 살펴보자. 개인이 활용할 수 있는 제반 환경과 조건을 살펴보면 이제 내가 무엇을 할 수 있는지, 어느 범위까지 할 수 있는지를 알게 된다. 그리고 이러한 지식은 다가온 개인의 시대라는 파도에 한결 안정적으로 안착할 수 있는 배경이 되어줄 것이다.

개인이 못하는 것이 없어졌다

1600년대에 최초의 주식회사가 설립된 이후, 지난 수백 년간 회사는 자신이 무엇을 해야 하는지에 대한 끊임없는 도전과 테스트를 해왔다. 그 결과 '주요 경영활동'이라는 이름으로 매우 중요한 역할과 업무들을 만들어냈다. 대체로 '투자-제조-홍보 및 마케팅-영업-유통'을 주요한 활동으로 삼았으며 그것이 성공적으로 이루어지려면 직원 교육을 위한 '지식과 정보', 그리고 회사의 직간접적 '네트워크'가 필요하다는 사실을 알게 됐다. 만약 지금이 진정한 개인의 시대라면, 개인은 이 모든 활동을 할 수 있어야만 한다.

우선 사업을 위해서는 투자가 절실하다. 개인적인 돈을 투자할 수도 있지만, 조금 더 대규모의 자본이 필요할 때도 있다. 개인이 투자를 받기 위해서는 '크라우드펀딩'이 존재한다. 대표적 펀딩 회사인 와디즈는 2019년에만 1,435억 원을 모집했으며 펀딩 건수는 3,500건에 이른다. 이는 최근 5년간 매년 두 배 이상 성장한 것으로, 연평균 성장률은 250%에 달한다. 선주문으로 투자 효과를 누릴 수 있는 카카오메이커스는 2018년 540억 원의 매출을 기록했

와디즈 연도별 크라우드펀딩 규모

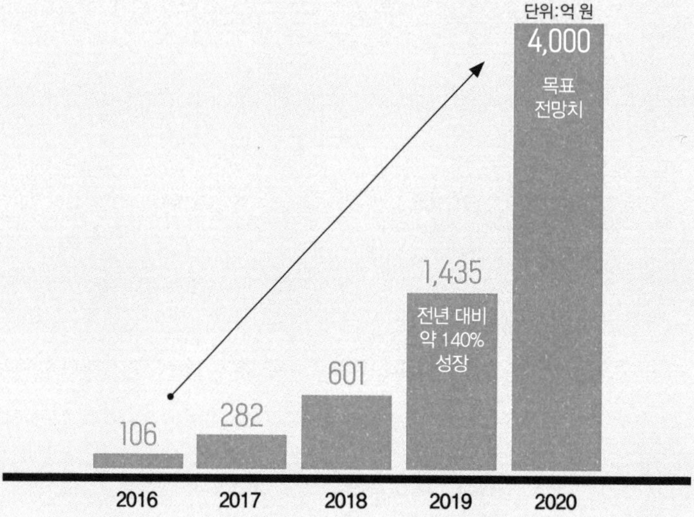

(출처: 시사저널)

카카오메이커스 연도별 매출 및 판매량

(출처: 파트너스 위드 카카오)

으며 거래액, 매출액, 구매 고객 수 등 모든 면에서 전년 대비 두 배 이상으로 성장했다. 창작자들이 중심이 되는 텀블벅 역시 2018년 300억 원의 후원금을 달성했다. 이 모든 돈이 다 개인 투자자의 주머니에서 나왔으니 '경제가 어렵다는데 이렇게 개인 투자자가 많나?'라는 의구심이 들 정도다.

이러한 크라우드펀딩은 한국에서 지난 2016년에야 본격적으로 시작됐다. 고작해야 5년밖에 되지 않았다. 전문가들은 앞으로도 이 시장이 10배 이상 성장할 것으로 보고 있다. 그 이유는 영국과 미국에서 시행되고 있는 크라우드펀딩이 GDP 대비 0.5% 선에서 이루어지고 있기 때문이다. 이를 한국에 적용해보면 '10배 이상의 성장'이라는 답이 나온다는 이야기다. 하지만 이는 영국과 미국의 경우일 뿐, 그 상한선을 넘어서지 말라는 법은 없다. 이 말은 곧 당신이 투자를 받을 가능성도 그 확률이 10배로 늘어난다는 의미이다. 크라우드펀딩 시장의 현황에 대해서 알아보니 어떤가? '개인으로서의 회사'를 꾸려나가는 데 있어서 투자가 한결 쉬워진 듯한 느낌이 들지 않는가?

투자를 받았으면 제조를 해야 한다. 앞에서도 언급했지만, 이제 개인에게도 제조의 진입장벽은 높지 않다. 과거 개인은 제조의 영역에는 진입하기 힘들었다. 제조란 공장을 가진 사장님들이나 하는 것이고, 그 공장에는 생산라인, 노동자가 있어야 했다. 거기다가 제조의 전前 단계인 금형을 만드는 것에만 수천만 원의 돈이 들어갔

클라우드 서비스 시장 규모

	2018년 지출 (억 달러)	2018년 시장 점유율(%)	2019년 지출 (억 달러)	2019년 시장 점유율(%)	전년 대비 성장률(%)
아마존웹서비스 (AWS)	254	32.7	346	32.3	36.0
마이크로소프트 애저	110	14.2	181	16.9	63.9
구글 클라우드	33	4.2	62	5.8	87.8
알리바바 클라우드	32	4.1	52	4.9	63.8
기타	349	44.8	43	40.1	23.3
합계	778	100	1,071	100	37.6

(출처: 카날리스)

다. 개인은 꿈도 꿀 수 없는 신성불가침의 영역이 바로 제조였다. 하지만 3D 프린터의 등장은 이 상황을 완전히 뒤바꾸었다. 혼자 설계하고, 혼자 만들 수 있으며, 그것도 매우 저렴하게 할 수 있다. 전 세계에서 약간의 사용료만 내고 자신이 만들고 싶은 물건을 만들 수 있는 팹랩Fab Labs이나 해커 스페이스hacker space와 같은 공간은 이미 1,000곳이 넘게 있다.

정의도 구현할 수 있는 개인의 시대

투자를 받고 상품을 만들었으면 이제 판매를 해야 한다. 이 부분

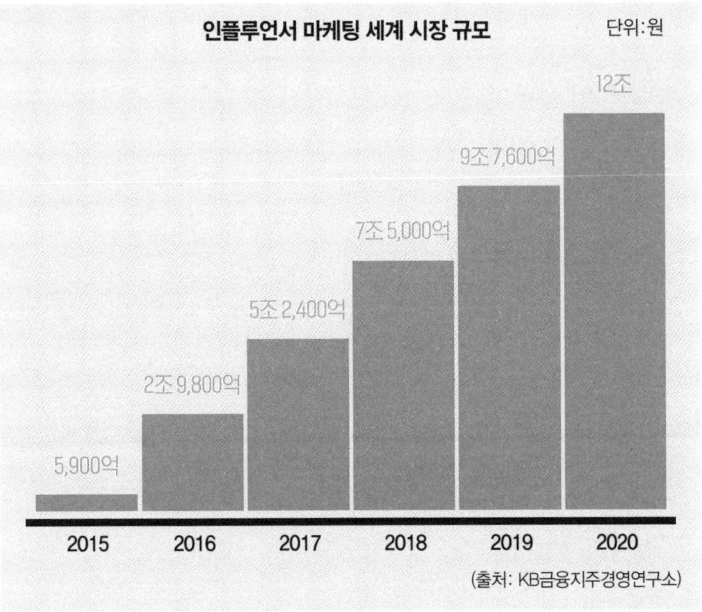

은 여러분도 쉽게 상상할 수 있다. '홍보와 마케팅, 영업'은 온라인 세상이 해결해준다. 최근에는 인플루언서들이 이 부분에 막대한 영향력을 키워나가고 있다. KB금융지주경영연구소가 연구한 바에 따르면 2015년 약 5,900억 원이었던 인플루언서 시장이 2020년에는 12조 원에 육박할 것이라고 한다. 최근 우리나라에는 기업과 인플루언서를 연결해 제품 판매를 촉진하는 회사도 탄생했다. 투자 대비 효과는 상당하다. 한 언론 보도에 따르면, 인천에 있는 한 카페에서 30만 원을 투자했더니 매출이 2.5배가 올랐다. 이 정도면 '홍보와 마케팅, 영업' 분야도 말끔하게 해소됐다고 봐야 한다.

다음으로 '지식과 정보'의 차원을 보자. 회사는 직원을 훈련해야 할 필요성이 있다. 기업은 사람이기 때문에 그들에 대한 끊임없는 재교육을 해야 한다. 그래서 회사는 유명 강사를 섭외해 강의를 하기도 하고, 별도의 교육도 지원한다. 그러나 안타깝게도 개인은 그렇게 할 수가 없다. 하지만 개인의 시대는 이미 그 부분에 대한 대안도 마련해놓았다. 이제는 누구나 세계 최고의 대학에서 행해지는 강의를 무료로 들을 수 있는 시대다. 일명 '무크MOOC, Massive Open Online Courses'라고 불리는 대학들의 온라인 강의 공개는 현재 전 세계 사람들에게 최고의 기술 지식을 제공하고 있다. 스탠퍼드대학교에서는 암호학, 게임이론, 컴퓨터 사이언스 등 101개의 강의를, 하버드대학교에서는 데이터 과학, 블록체인, 웹 프로그래밍, 전략적 매니지먼트 등 42개 과목을 공개했다. MIT 공대는 강의 노트와 전자교과서까지 제공하고 있다. 이외에도 예일대학교, UCLA, 버클리대학교, 듀크대학교 등이 이런 강의를 제공한다.

우리나라에서도 무료 강의 공개가 상당수 이뤄졌다. 케이무크K-MOOK, KOCW, 에드위드edwith가 있다. 이곳에는 인문과학, 사회과학, 공학, 자연과학, 교육학, 외국어 심지어 의학과 약학도 배울 수 있다. 이제 지식이 없어서 무엇인가를 할 수 없다고 말하는 것이 더 어려운 세상이다. 또 약간의 돈만 들여서 지식과 정보를 얻을 곳은 이제 온라인상에 쌓여 있다. '지식과 정보'의 분야도 해결되었다고 보면 된다.

마지막 남은 것은 '네트워크'이다. 물론 이 부분에 대해서는 별도로 설명할 필요가 없다고 믿는다. 이 역시 온라인상에 수많은 모임과 단체가 있으며 해당 커뮤니티에 참여해서 인적 네트워크를 구성하는 일은 고등학생들도 할 수 있는 일이다.

이처럼 개인의 시대는 오늘날 우리에게 더 많은 기회를 열어주고 있다. 방송국이 없어도 방송을 할 수 있고, 출판사가 없어도 자신의 글을 대중에게 발표할 수 있다. 심지어 이제는 출판사들이 온라인의 출판 공간을 엿보고 있으니, 이는 과거와 역전된 상황이다. 이뿐만이 아니다. 개인의 시대에는 정치도 할 수 있다. 지난 2010년 튀니지를 25년간 집권했던 대통령을 물러나게 한 시발점은 바로 SNS였다. 일명 '재스민 혁명'으로 불렸던 이 시위는 'SNS 혁명'으로 불리기도 했다. 청와대 국민청원은 개인의 정치적 의사가 어떻게 구체적으로 발현되는지를 잘 보여주고 있다. 개개인의 힘이 모여 특정 재판부를 바꾸기도 했고, 성범죄자에 대한 처벌을 강화하기도 했다. 또 살인을 하고도 심신미약이라고 주장했던 사람에 대한 감경 의무를 없앤 법을 제정하기도 했다. 이처럼 '개인의 시대'는 우리가 정의를 실천하고, 사회도 바꿀 수 있는 전례 없는 경험까지 제공하고 있다.

그러나 여기서 결코 잊어서는 안 될 한 가지가 있다. 그것은 개인의 시대가 우리에게 과거보다 훨씬 많은 자유와 힘을 주었지만, 그 힘이 '누구에게나' 주어지지는 않는다는 사실이다. 시장성이 없는 제품에 펀딩이 될 리가 없고, 아무리 3D 프린터로 제품을 만든다 한들, 팔리지 않을 수 있다. 돈을 아무리 많이 들여도 경쟁력이 없다면 인플루언서가 홍보를 한들 효과가 없다. 어떤 점에서 개인의 시대는 우리에게 더 치열한 힘을 요구하고 있으며, 더 스마트한 자세로 임할 것을 의무화하고 있다고 봐도 무방하다. 이는 결국, 개인의 시대가 주는 자유와 힘을 누리고자 한다면 그만큼 더 많은 노력을 기울여야 한다는 의미이기도 하다.

개인의 시대, 독립 비즈니스란 무엇인가?

×

창업가, N잡러, 프리랜서, 플랫폼 노동자의 차이

보다 구체적으로 우리는 개인으로서 어떤 경제적인 활동을 할 수 있을까. 그리고 그것의 형태와 구조는 무엇이 되어야 할까. 사실 '개인의 시대'가 아닌 훨씬 그 이전에도 개인으로 일하는 사람은 많았다. 가장 대표적인 사람이 바로 중세 유럽의 용병을 말하는 '프리랜서'였다. 기병이 드는 창인 랜스lance를 들고 자유롭게free 활동하는 이들이었다. 프리랜서는 현재 국내에도 매우 다양한 분야에서 많게는 130만 명이 활동하는 것으로 추산되고 있다. 최근에는 또 혼자서 여러 개의 직업을 수행하는 'N잡러'라는 용어도 생겼다. 여러 분야에서 등장한 온라인 플랫폼에서 일하는 라이더, 택배배송업자, 가사도우미 등 '플랫폼 노동자'도 대규모로 생겨났다. 한국고용정보원에 따르면 최소 47만 명에서 최대 54만 명에 이른다고 한다.

그렇다면 이렇게 혼자서 일하는 사람들은 모두 '개인'으로 일하기 때문에 '개인의 시대'를 살아가고 있는 사람들일까?

다양한 직업으로 구성된 독립 비즈니스

나는 개인의 시대에 우리가 지향해야 할 사업의 방법을 '독립 비즈니스'라는 개념으로 설명하려고 한다. 독립 비즈니스는 한 개인이 직장생활을 통해 배양된 역량을 통해 시작되며, 협업의 관계를 통해 일의 규모가 커진다. 흔히 말하는 많은 '창업자금'이나 '투자금'이 필요하지 않으며, 타고난 끼나 예술적인 감각에 의지하지 않는다. 그런 점에서 독립 비즈니스를 할 수 있는 평균적인 사람은 바로 대다수의 평범한 직장인들이다. 어떻게 보면 '미래를 위해 뭔가를 대비하긴 해야 하는데, 아직 뭘 할지 잘 모르는 사람'에게 최적화되어 있는 것이 바로 독립 비즈니스라고도 볼 수 있다.

이들은 매일 열심히 하루하루를 살아가면서 일을 하지만, 미래에 대한 불안감을 가지고 있으며, 실제 갑작스러운 퇴직이 현실화되었을 때 매우 위험한 상황에 처할 수 있는 사람들이기도 하다. 이런 사람들이 자신의 능력과 네트워크, 여기에 더해진 자기계발의 노력만으로 새로운 사업의 판을 짜는 기회는 분명 새로운 삶을 열어가는 계기가 될 수 있다.

독립 비즈니스는 프리랜서, N잡러, 플랫폼 노동자와는 다른 매우 큰 차별점이 존재한다. 그것은 바로 '기존에 일을 주는 회사나 단체에 의지하지 않는다'는 점이다. 이들은 회사가 일을 주어야 돈을 벌 수 있고, 자신이 설사 일을 제안하더라도 기존의 회사에서 '수락'을 해야 일을 할 수 있다. 언제까지나 자신에게 일을 주는 회사, 단체에 의존적일 수밖에 없다. 거기다가 자신이 벌 수 있는 돈도 한정적이고, 그 금액을 결정하는 일 역시 모두 회사의 몫이다. 물론 매우 전문성을 지닌 프리랜서의 경우라면 직장인의 월급을 뛰어넘기도 하지만 퇴직금이 없고, 기타 다양한 복지 지원이 없다는 단점이 있다. 결정적으로 '프리랜서-N잡러-플랫폼 노동자'들은 아무리 많은 일을 해도 결국은 자본가가 아닌 '노동자'에 머무를 수밖에 없고 의존적인 상태에서 벗어나기가 쉽지 않다. 그나마 이런 일을 통해서 어느 정도 돈을 모아 자영업을 할 수는 있으나, 역시 매일매일 얼마나 많은 손님이 오느냐에 따라 하루 수익이 결정되기 때문에 안타깝게도 의존적인 상태에서 벗어나기는 쉽지 않다.

노동자에서 '노동-자본가'로의 발전

그러나 독립 비즈니스는 노동자가 아닌 '자본가'로서의 면모를 갖출 기반을 마련해준다. 온전한 자본가로 성장하기는 쉽지 않아도 최소한 다른 회사에 의지하는 노동자의 상황에서 벗어날 수 있도록 만들어준다. 굳이 표현하자면 노동을 하면서도 자본에 의한 이익을 쌓을 기회를 가진 '노동-자본가'라고 할 수 있다. 이런 표현이 억지스럽지는 않다고 생각한다. 설사 우리가 공공 기관에서 창업자금을 지원받거나 크라우드펀딩을 받는다고 해서 곧바로 자본가가 될 수 있을까? 자본가는 온전히 돈으로 돈을 버는 사람이기 때문에 특별한 배경 없이 쉽게 될 수 있는 것이 아니다.

물론 독립 비즈니스도 단점이 없을 수는 없다. 성공적인 사업처럼 한 달에 5,000~6,000만 원, 혹은 억 단위의 돈을 벌기는 쉽지 않다. 그러나 확신하건대, '월급쟁이'보다는 훨씬 더 많은 돈을 벌 수 있고, 능력에 따라 대기업 직장인을 넘어설 수도 있다. 그러니 어느 정도 단계에 이르면 가족을 부양하기에는 전혀 문제가 없고, 과거보다 훨씬 여유로운 생활까지 덤으로 얻을 수 있다. 이러한 주장에 대하여 고개가 갸우뚱하였다면 이 책의 'PART2' 다섯 번째 주제인 '이제껏 내 월급은 누가 주었을까?'를 읽어보길 권유한다. 현재 내가 받는 월급의 구조와 돈의 흐름을 읽는 것을 이해한다면 독립 비즈니스에 대한 이해와 공감이 빠를 것이다.

그러나 더 중요한 점은 돈의 액수가 아니라 자신의 사업에 개인의 신념과 취향이 투영될 수 있느냐 없느냐일 것이다. 독립 비즈니스는 개인이 가진 능력과 취향을 중심에 놓는 사업 방식이기 때문에 이제 더는 월급을 위해 흥미도 재미도 없는 일에 몰입해야 할 필

	프리랜서	독립 비즈니스
대상	전문성을 보유한 비 직장인	직장 경력을 가진 일반인
방식	유사한 전문성 보유자 및 직종 간에는 경쟁이 존재	협업을 통하여 일의 규모와 가치를 확장할 수 있음
경쟁력	해당 분야의 전문성이 높을수록 경쟁력이 있음	해당 분야의 전문성이 없더라도 네트워크의 힘으로 사업화 가능
수입	일을 공급하는 기업에서 수입을 정하기 때문에 해당 기업에 의존하게 됨	본인이 결정 후 제시하여 수입을 확보하고, 주관을 가지고 추진이 가능함
인식	'노동자', '을' 이라는 인식 다소 존재	'자본가', '사업가' 라는 인식에서 출발

요가 없다. 더구나 개인의 가치를 반영할 수 있어서 일이 많아도 짜증 나거나 귀찮지 않다. 과거의 직장생활과는 다르게 일이 많아지면 많아질수록 오히려 자신이 더욱 성장하고 비즈니스가 발전하고 있다는 생각에 더 열정적으로 일하게 된다.

독립 비즈니스는 기존의 회사가 주는 일감이나 건당 이익에 머무르지 않고 스스로 '사업의 판'을 만든다는 점을 의미한다. 네트워크를 통해 사람과 사람을 연결하고 그들 사이의 공통된 이익을 추구하면서 부족한 것을 서로 채워가면서 매출을 만들어낸다. 또한 독립 비즈니스는 여러 개의 직업으로 구성되기에 각각의 리스크를 떨어뜨릴 수 있다. 만약 하나의 프로젝트가 수익을 내기까지 시간이 오래 걸린다 해도 충분히 장기적으로 가져갈 수 있다는 얘기다.

예를 들어 하나의 사업에 올인했는데, 상용화까지 5년이 걸린다고 해보자. 이를 견딜 수 있는 사업가는 그리 많지 않다. 하지만 독립 비즈니스로 여러 개의 직업을 가지고 있으면 비록 수익을 내기까지 5년이 걸려도 다른 일들과 함께 진행하기 때문에 비즈니스에 크게 무리가 가지 않는다.

직업이 여러 개라고 해서 매우 어렵겠다, 미리 겁먹을 필요는 없다. 이제까지 자신이 해왔던 기본 역량을 중심으로 자기계발적 노력을 통해 얼마든지 확장해나갈 수 있기 때문이다. 그러면 최소 3~4개 분야에서의 활동 영역이 생겨나고 그것이 서로 내적인 연관성을 가지면서 점점 규모가 커지고, 수익이 늘어나고, 더 많은 사람을 끌어 모으게 될 것이다. 사람이 많이 모일수록 그들과 함께할 수 있는 일의 영역도 더 늘어나고, 이는 선순환을 통해 이익과 사람을 더 불러모으게 된다. 그렇다면 이제부터는 나의 사례를 통해서 한 개인의 독립 비즈니스가 어떻게 구성되고 전개되는지를 살펴보도록 하자.

독립 비즈니스는 이렇게 진행된다

×

판을 까는 시스템 구축 사례

여러 개의 직업을 갖는 것은 생각보다 어렵지 않다. 직장에 다니면서 수행했던 '업무 분야'를 중심으로 삼고, 그렇지 않다면 최소한 자신이 매우 흥미로워하는 일을 토대로 시작하면 된다.

우리는 자신이 했던 업무나 흥미로워하는 분야를 '새로운 직업'과 연결해서 생각해본 경험이 많지 않기 때문에 스스로도 자신의 능력을 온전히 모르곤 한다. 그러나 지금부터 내가 회사를 나와 10개가 넘는 직업을 가졌던 과정을 함께 살펴본다면, 분명 '저 정도면 나도 할 수 있겠군!' 하는 자신감이 생길 것이라 확신한다. 나도 했다면 당신도 할 수 있다.

환경이 제한하는 인식에서 벗어나라

자신이 처한 환경은 자신의 인식을 제한한다. 평생 대도시에만 살았던 사람은 시골의 아름다운 자연 풍경이 그저 불편하고 삭막한 모습으로만 보인다. 외국의 시골 생활에 익숙했던 한 여성은 한국 유흥가의 반짝이는 광고판의 불빛 때문에 두통이 온다고 말하기도 했다. 우리의 인식은 무한히 자유로울 것 같지만, 정작 환경에 의해 많은 지배를 받는다.

직장이라는 환경도 우리의 인식을 매우 제한한다. 특정한 업무 분야가 정해져 있기 때문에 그것을 넘어서려거나 혹은 침해받는 상황을 적극적으로 피하고 싶어 하고, 자기 직급 이상의 일을 하려 하지도 않는다. 이는 상사에 대한 월권행위가 된다고 여기기 때문이다. 또 새로운 사업 모델을 찾는 일도 매우 낯설다. 내가 우리 회사, 우리 팀의 사업 모델을 정하지는 않기 때문이다. 그런 일들은 대개 사장님 이하 임원들이 하는 일이니 나는 그저 잘 수행하기만 하면 된다. 결과적으로 직장생활은 사회생활 초보인 우리를 일정한 방향으로 클 수 있도록 지원하고 이끌어주지만, 종국에는 '업무 분야와 직급'이라는 한계에 갇히게 만든다. 그 이상으로 우리를 키워줄 수는 없다는 이야기다.

따라서 이제 자신만의 여러 가지 직업을 갖기 위해서는 환경이 나의 인식을 지배한다는 사실을 인정하고, 그것에서 완전히 자유로워질 수 있는 자신을 상상해보는 일이 중요하다. 그래서 비록 내가 지금 직장인이라고 하더라도, 얼마든지 다양한 분야에 진출할 수 있고, 또 얼마든지 위아래의 직급을 오갈 수 있다고 가정해야만 한다.

여러 가지 직업을 가질 수 있는 방법을 이야기하기 위해서 우선 앞에서 살펴본 나의 직업 리스트를 다시 한번 적어보도록 하겠다. 이 직업들이 과거 나의 직장생활과 어떤 연관성이 있는지, 그리고 서로 간에 어떻게 상승 작용을 이뤄냈는지 살펴볼 것이다.

- KSEO (사)한국공유경제진흥원 대표
- 강남구 1인 가구 커뮤니티센터 운영법인 대표
- 온라인 쇼핑몰 M사 공동대표, 유통밴더사 CEO
- 명지대 공대 겸임교수, 동국대 최고위과정 주임교수
- 언론사 한국공유경제신문 사장
- 교육부 학점은행제 교육기관 W교육원 교수
- 통계분석기업 L사 교육사업부 대표
- 미얀마 인재양성학교 사랑예술학교 사무총장
- 영화·드라마 콘텐츠 투자 및 제작경영
- 기업·대학·정부기관 자문강사, IT 프리랜서

보는 시각에 따라 왠지 대단해 보일 수도 있겠지만 또 한편으로는 모두 '직장생활'이라는 나의 아주 기본적인 토대에서 발전한 것들이다. 그렇다고 해서 하찮은 일들이라고 볼 수는 없다. 이 직업들을 통해 현재 대기업을 뛰어넘는 월급을 만들고 있으니, 내 삶의 매우 중요한 토대이다.

내적 연관성으로 만들어낸 여러 직업들

첫 번째로 나는 직장에서 교육 분야를 담당한 적이 있었기 때문에 '교육'이라는 범주 안에서 직업 활동을 시작할 수 있었다. 우선 직장에서 습득한 키노트, 프레지, 액셀, 파워포인트, 동영상 편집 툴 사용 등의 과정을 초급 · 중급 · 고급 교안으로 만들었고 이를 통해 콘텐츠 기획에서부터 광고 홍보 영역 전반의 교육이 가능했다. 그걸 기반으로 한국폴리텍대학교, 동아방송예술대에서 시간강사를 할 수 있었다. 누구나 할 수 있는 파워포인트 스킬로 '카드뉴스 1분만에 만드는 법' 같은 재미있는 강좌를 만들었고 단순한 액셀 기술도 '개인사업자 고정비 산출법 with 매크로' 등의 커리큘럼으로 만들어 선보였는데 아주 인기가 좋았다. 여기에서 알 수 있듯이 새로운 기획이 무척 중요하다. 누구나 할 수 있는 스킬이지만, '어떤 콘텐츠로 승부할 것인가'가 나의 능력을 더욱 돋보이게 한다. 이렇게 기획을 통해 다양한 교안을 선보이자 시간강사를 할 수 있었고, 그렇게 2년이 흘러 교육부 학점은행제 교육기관 경영학과 교수라는

카드뉴스 제작 강의 자료

자리도 얻게 되었다. 보다 확실한 고정 수입을 만들어낼 수 있었던 것이다.

또 직장에서 평가체계를 만들고 인재육성을 담당했던 경험을 살려 '세련된 경력개발 전략', '자기소개서 3.6.9 작성법', '면접 대비 333 전략' 등의 커리큘럼을 만들어 취업 시장과 자기계발 분야까지 진출했다. 그렇게 시간강사 경력 3년째가 되던 해, 명지대학교에 이력서를 냈고 '공대생을 위한 경력 설계'라는 수업 과정을 맡는 겸임교수가 되었다.

발표를 잘한 팀에게는 상장도 전달했고 내가 만든 인터넷 신문에 학생 이름도 올려주었다. 그것이 결국 학생들의 취업 활동에 있어 자기소개서 콘텐츠가 되었고 대기업 입사에 큰 도움이 되기도 했다. 또 나의 인맥을 동원해 학생들이 기업을 직접 방문하는 '기업현장 방문프로그램'도 운영했다. 이런 색다른 수업 운영 방식이 입소문을 타게 되자 학장님께서 직접 나에게 특강을 부탁하기도 했다. 주제는 신입생 1,000여 명을 대상으로 하는 '밀레니얼 세대, 세련된 대학 생활'이었다. 생각해보자. 학교에 겸임교수가 나 하나였겠는가? 아마도 수십 명은 됐을 것이다. 그럼에도 내가 이런 특강을 맡을 수 있었던 이유는 역시 새로운 기획으로 학생들에게 도움을 주고, 색다른 강의를 펼쳤기 때문이다. 회사생활에서 배웠던 기본 스킬로 다양한 콘텐츠를 만들어내는 것, 바로 이것이 많은 직업을 가질 수 있는 비결 중의 하나이다.

이렇게 어느 정도 콘텐츠와 경력이 쌓이면 다음 단계는 더 높은 곳으로 뻗어나가기 위한 '나의 브랜드'를 만드는 일이다. 나는 여러 강의를 SNS를 이용해 적극 노출했고 각종 학회와 협회에서 만난 사람들에게도 홍보했다. 나는 이러한 행위를 독립 비즈니스를 하는 데 있어서 나의 브랜드를 PR하고 홍보하는 행위라고 여겼다. 마치 기업에 홍보팀이 있듯이 말이다. 이렇게 하다보니 지인의 섭외 또는 추천 등으로 대기업과 정부 기관 등에 초청되어 특강을 할 수 있었다. 정부 산하 기관인 '창조경제혁신센터'에서 특강을 할 수 있었던 것도, 식품의약품안전처 공무원 대상으로 특강을 할 수 있었던 것도 모두 SNS에 올린 나의 홍보 글을 본 지인의 제안으로 가능했던 일들이었다. 이 과정을 전체적으로 정리해보면 다음과 같다.

…› 직장생활을 할 때 주말이면 다양한 특강에 참여했고,

…› 틈만 나면 인터넷 강연을 많이 들어 강연하는 방법을 자연스럽게 배웠고,

…› 직장생활을 하면서 외부 단체에 무료 특강을 자처했었기에 경험이 쌓였고,

…› 돈을 받지 않는 무료 강의였기에 강사로서의 진입장벽을 넘어설 수 있었고,

…› 누구나 할 수 있는 스킬이었지만 기획력을 통해서 새로운 콘텐츠를 만들어냈고,

…› 이런 콘텐츠에 흥미를 느낀 분들을 통해 시간강사를 시작으로 겸임교수까지 할 수 있었고,

…› 그렇게 쌓인 경력과 신뢰를 통하여 관련 분야의 중요한 사람들을 알게 됐고,

…› 그 네트워크를 통해서 보다 안정적인 자리를 확보하고 고정적인 수입까지 얻었으며, 지속적으로 새로운 기회를 갖게 되었다.

두 번째로 나는 유통회사 출신 경험을 통하여 유통 분야의 사업과 함께 상품 컨설팅 사업을 할 수 있었다. 업계에 따라 다르겠지만 유통회사 같은 경우는 한 분야 담당자로 2년 정도 쭉 일하게 되면 대략적인 업무와 시장 흐름을 파악할 수 있게 된다. 사계절을 두 번 정도 겪게 되면 상품별 패턴 예측이 가능하기에 시기별로 전략을

제안할 수 있는 수준에 오른다. 나는 유통회사에서 매장영업, MD Merchandiser, 영업기획, 인터넷 쇼핑몰 부서에서 근무한 경력이 있었다. 이 경험을 살려 각종 신상품이나 아이디어 제품들을 유통할 때 도소매 과정에 참여하는 벤더vendor 역할을 하거나 총판권을 확보하여 사업을 진행할 수 있었다.

이런 활동이 가능했던 이유는 직장생활을 할 당시 제조사 관계자, 영업직원, 특판사원 등 수많은 사람과 진심 어린 관계를 맺고 네트워크를 형성했기 때문이다. 유통의 핵심은 아이템(상품)인데, 관계가 좋은 밴더 사장님이 권했던 화장품에서부터 건강보조식품, 군대 PX 상품, 프리미엄 소금 등 다양한 상품을 발굴한 것 역시 전 직장에서의 토대가 있었기에 가능했다. 그리고 그 토대 위에서 차별화된 마케팅을 접목해 수익 구조를 조금씩 확보해나갔다.

지구환경을 생각하는 생분해 친환경 PLA 플라스틱 사업처럼 대기업을 상대로 하는 비즈니스는 혼자의 힘으로 부족하기 때문에 타 업체와의 파트너십을 통해 상품 런칭을 하면 된다. 그 과정에서 소상공 종사자와 중소기업과 관련된 사람을 자주 만나며 중소기업의 생태계를 잘 이해할 수 있었고, 그것이 각 단체의 대표 및 임직원들과 깊숙이 소통하는 계기가 되었다. 그러다 보니 중소기업중앙회 중소기업사랑나눔재단의 임원으로 위촉되어 현재까지 오게 되었다. 이 부분 역시 출발은 나의 직장이었다.

세 번째 직업 활동은 미래의 트렌드 분야였다. 나는 남들보다 한

발 앞서 나만의 영역을 구축하고 싶었다. 직장이 속해 있는 특정 업태와 분야가 있었지만, 그것에 더해 새로운 사업의 분야로 진출하고 싶었다. 그래서 직장생활을 하면서도 일종의 '트렌드 왓칭'을 자주 했다. 앞으로 세상에 어떻게 변화할 것인지에 대해 뉴스, 잡지, 해외 정보를 유심히 들여다보면서 나의 관심을 끄는 분야를 찾았다. 그 결과가 바로 '공유경제'와 '글로벌화' 그리고 '개인의 시대'에 관한 것이었다. 공유경제가 가진 엄청난 파워와 영향력을 확인했기에 사단법인 한국공유경제진흥원을 만들게 됐고, 미래의 패러다임과 관련한 사람들을 만나다 보니 빅데이터와 통계분석 기업의 관계자들을 만나게 됐다. 그렇게 해서 리서치앤랩 교육사업부 대표 자리에도 올랐다. 또 글로벌 기업과 기술에 관심이 많았기에 전 세계 마이크로 모빌리티 시장을 이끄는 라임Lime이라는 회사와 공유마이크로 모빌리티 발전위원회를 만들어 성공적인 론칭을 할 수 있었다. 이를 통해서 기업은 지역사회에 진출하는 기회를 얻고 지역사회는 모빌리티를 통해 관광 스마트 도시로 도약하는 계기를 마련할 수 있었다. 그 결과 나는 라임의 CEO인 브래드 바오Brad Bao와 공동 창립자인 데이비드 스필포겔David Spielfogel로부터 특별고문으로 위촉되었고, 지금도 선진화된 모빌리티와 스마트 도시를 만들기 위해 활동하고 있다.

또 계속해서 트렌드 왓칭을 하던 중에 '1인 가구'에 주목하게 됐다. 2018년 말경 국내의 한 금융기관이 발간한 자료를 토대로 '1인

글로벌 모빌리티 기업 '라임'의 한국 진출을 주도하고, 아시아인 최초 특별고문으로 임명됨. 가운데가 필자.

가구'에 대한 면밀한 분석을 했고, 앞으로 이들이 우리 경제의 주역이 된다는 사실을 알게 됐다. 그런데 마침 강남구청에서 1인 가구를 대상으로 하는 커뮤니티 사업을 시작하고, 그 운영법인을 선발하는 공모가 진행 중인 게 아닌가? 나는 당연히 거기에 응모를 했다. 오랜 트렌드 왓칭을 기반으로 통찰력 있는 제안서를 냈고, 위탁 사업자로 선정되어 지상 2층 면적 386.4㎡ 대규모 센터를 운영하고 있다. 1인 가구의 비중이 높아지고 혼자 사는 노년층과 장년층이 많아지는 현 시대에 1인 커뮤니티 센터 운영 경험을 통하여 미래 시대의 맞춤형 전문가로 새로운 내일을 준비하고 있다.

이런 트렌트 왓칭은 직장생활에서도 경험할 기회가 있었다. 한때 '중장기 전략 테스크포스팀TFT'에 배치되어 기업의 미래 사업과 비전을 수립하는 데 총력을 다했던 적이 있다. 주요 업무는 국내와 해외 선진 기업의 사업 내용을 조사하고 사업성을 분석해 이를 우리 회사에 접목해 새로운 기획안을 만드는 일이었다. 기획안은 최고의 사결정권자와 임원들에게 보고되는 만큼 사력을 다해 작성해야 했다. 계속해서 보고서를 수정하고 재작성하는 피곤한 여정을 겪어야 했고 그 기간은 애초에 계획되었던 3개월에서 10개월까지 늘어났다. 당시로서는 매우 고단한 행군이었지만 지금 생각해보면 정말 많은 정보를 수집하고 분석하면서 미래를 예측하는 방법을 배운 '참된 훈련 과정'이었으며, 이때의 경험은 지금도 고스란히 나의 능력으로 체득되었다. 당시 나는 '이커머스'라고 불리는 전자상거래 분야의 지각변동을 일찌감치 느낄 수 있었다. 또 이미 수년 전에 네이버와 카카오, 구글 등 IT 기업들이 전자상거래 시장으로 진입할 경우 그들의 영향력이 엄청나게 확대될 것이라고 예상했었다. 그때의 예상은 빗나가지 않았을 뿐만 아니라 코로나19 여파로 인해 더욱 가속화됐다. 네이버 '스마트 스토어' 거래액은 56% 성장했고 카카오 역시 급속한 성장세를 겪었다. 눈여겨볼 점은 20대와 40대 이상의 사용자가 크게 늘어나고 있으며 이들의 성장은 향후 언제 닥칠지 모르는 팬데믹 시대에 또 다른 시너지로 작용하리라는 점이다. 본인의 경우 2020년 초 COVID19가 시작됨과 동시에 농·축·

수산물 중심의 온라인 쇼핑몰 구축을 신속하게 추진하였다. 바이러스로 인하여 온라인을 통하여 쇼핑을 하는 소비자가 늘어나고 제한적인 외출 활동으로 집에서의 먹거리 수요가 증가할 것이라는 '트렌드 와칭'이 결국 포스트코로나 시대에 적합한 비즈니스 모델을 찾는데도 도움을 준것이다. 또한 GS리테일 근무 시절 온라인 쇼핑몰(현재의 GS Fresh) 구축과 온라인 마케팅 업무 경험이 있었기에 더욱 자신감을 가지고 추진할 수 있었다. 이렇듯 나의 독립비즈니스에서의 경쟁력은 늘 첫 직장에서의 경험과 안목에서부터 출발하였다.

조그만 실천, 그리고 상승 작용

네 번째는 연대를 하거나 집단지성의 장場을 마련하는 방식이다. 나는 직장생활을 하면서 언론대학원 석사 과정에 도전했고, 함께 공부했던 사람들과 네트워크를 만들고 지속적으로 현업 신문사에 근무하는 분들과의 만남도 유지했다. 그리고 그 결과 한국공유경제신문을 설립할 수 있었다. 처음 신문사를 설립했지만, 좀 더 많은 사람들이 참여했으면 좋겠다는 생각도 했다. 그래서 만들어진 개념이 바로 '신개념 언론사 플랫폼'이었다. 나는 만약 한국공유경제신문을 이렇게 만들 수 있다면 집단지성이 모일 수 있다고 봤다. 세상에는 글을 쓰고 싶어하는 사람들이 수없이 많지만, 그에 비해 발표

할 공간이 마땅치 않다. 더구나 그들은 돈을 목적으로 글을 쓰지도 않았다. 나는 이런 사람과 함께 한다면 충분히 신문사를 운영할 수 있다고 봤다. 그들은 돈에 얽매이지 않고 꾸준히 글을 쓸 수 있고, 우리 신문사는 원고를 공급받을 수 있다. 언론사 플랫폼이 만들어진다면 충분히 가능한 일이고 지금 한국공유경제신문이 그런 역할을 하고 있다. 특정 빌딩에 출퇴근하면서 기사를 쓰는 것이 아니라 자유롭게 서로 모여 대화하고 토론하면서 기사를 만들고, 더 나은 글을 위해 함께 노력하는 것 또한 미래의 언론사가 가야 할 방향이 아닌가 생각한다.

지금까지 내가 회사를 나와 10여 개의 직업을 갖게 되었던 과정을 설명해봤다. 앞에서 본 10여 개의 직업은 내적인 연결성을 모르면 매우 중구난방으로 보일 수가 있다. 그러나 그 시작 과정과 내적 연관성을 알게 되면 누구나 그렇지 않음을 알게 될 것이다. 엑셀과 키노트, 인터넷 강의로 대학 강사가 되었고 직장에서의 경험을 토대로 겸임교수가 되었으며 직장생활의 업무 분야가 유통과 중소기업의 세계로 뻗을 수 있는 원동력이 되었다. 직장에서의 짧은 부서 경험도 잘 살려 미래를 예측하는 수단으로 활용했고, 평소 관심 있는 트렌드의 변화에 관한 공부가 공유경제와 1인 가구 전문가가 되는 기반을 마련해주었다. 그리고 직장생활 중에 짬을 내서 한 공부가 언론사의 대표를 만들어주었다.

중요한 것은 '최초의 조그만 실천 — 사람을 통한 상승 작용'이라는 동일한 패턴이다. 그리고 나는 내가 뭔가 관심을 가지고 일을 할 때마다 그와 관련된 커뮤니티에 속하려 노력했다.

아래는 내가 현재 속해 있는 커뮤니티들을 나열한 것이다. 단순히 소속되어 친분을 유지하는 곳부터 중책을 맡아 열정적으로 재능 기부를 하는 곳까지 그 활동 범위는 다양하다. 그러나 어떤 곳이든 다양하고 깊이 있는 정보를 얻을 수 있다는 점은 동일하다. 대충 나열만 해도 어떻게 이 많은 일을 할 수 있냐고 하겠지만, 대부분 비상근 명예직이다. 하지만 소속 자체로도 커뮤니티의 구성원들과 끈끈한 연대가 가능하다고 말할 수 있다.

한국공유경제협회 설립이사, 한국공유경제협회 교육분과위원장, 한국광고PR실학회 기획이사, 한국상품문화디자인학회 홍보이사, 대한보디빌딩협회 이사, 한국미디어저널협회 상임부회장, 상생과 통일포럼 사무총장, 한국공유경제학회 학회장, 한국도시문화학회 이사, 한국미디어저널협회 상임부회장, 언론광고홍보대학원생 총연합 초대회장, 서울시 미래의제 특별위원회 분과위원장, 공유 마이크로 모빌리티 발전위원회 위원장, Plastic OUT Lifestyle 공동운영위원장, 사립학교신문 사학회보 편집위원, Young Innovation Party 운영위원, 아시아 난민 포럼 위원, 스마트벤처캠퍼스 평가위원, 스타트업액티비티그룹 스타트업 올림픽조직위원, 글로벌 공유 마이크로모빌리티 기업(라임) 고문, 서강대학교 언론대학원 사무차장, 서강대학교 언론대학원 포럼 회장, 서강대학교 총동문회 대의원, 4차산업혁명위원회 신서비스 스터디그룹 위원, KICD 상품디자인학회 사업재정분과 운영이사 등.

혹자는 "이렇게 많은 커뮤니티에 참여한다는 것은 무척 피곤한 일 아닌가"라고 한다. 하지만 그럴 때마다 나는 이렇게 되묻곤한다. 당신이 현재 매일 출근하는 회사에서 만나는 각종 동호회, 태스크포스 업무, 회사 내 많은 각종 회의체 등의 무수한 크고 작은 조직과 만남의 건수를 세어보라고. 소속되어 있는 직장에서 의무적으로 참여해야만 하는 커뮤니티들은 당연히 피곤이 따르겠지만 독립 비즈니스에서는 내가 원하지 않으면 언제든지 참여를 하지 않아도 되는 자율성이 부여된다. 중요한 것은 이러한 커뮤니티가 다양할수록 이곳에서 나를 이끌어줄 사람과 나와 연대가 가능한 조직을 만나게 될 확률이 높아진다는 것이고, 그것은 내가 얼마나 자율적으로 하는냐에 달려있다는 것이다. 그리고 내가 준비된 사람, 노력하는 생활을 한다면 그들은 언제든 나를 더 높은 곳으로 이끌어주었다. 어쩌면 나는 앞으로 지금의 직업을 넘어 더 많은 직업을 가질 수도 있다. 마찬가지로 거기에는 동일하게 '최초의 조그만 실천 — 사람을 통한 상승 작용'이 적용될 것이다.

독립 비즈니스에는 상상력이 필요하다. 자신의 업무 분야와 직급에만 매몰되면 그 이상을 넘어서기 힘들다. '내가 하는 이 일 정도로 어떻게 사업을 일구겠어?'라고 생각하는 순간, 정말 그것을 넘어서기 힘들다. 엑셀을 할 줄 알면 엑셀로 돈을 벌 생각을 해보고, 석사를 따기 위해 공부 중이라면 내가 배우고 있는 것과 관련된 기업을 세운다고 생각해보자. 자신의 업무 분야에서 '돈이 될 만한 것'을 발견했다면 적극적으로 관계자들을 만나면서 내가 그 일에 끼어들 틈을 찾아야 한다.

하지만 동시에 모든 것을 돈의 관점에서만 보아서는 안 된다. 경우에 따라서는 돈의 관점을 완전히 버려야 할 때도 있다. 나는 '당장 돈이 되지 않아도 해보자'는 삶의 태도를 가지고 시작한 일이 결국 수익 구조가 형성되는 경우를 많이 보았다. 다소 하찮은 일도 그것이 세상의 특정 접점과 만나면서 스타덤에 오르는 경우가 있듯이, 일에 있어서도 이상적이거나 추상적으로 보이는 일이라도 그것을 묻고 따지지 않고 하다 보면 뜻밖의 수익 모델이 만들어지거나 또 다른 가치 있는 일로 이어지기도 한다. 그러니 당장 도움이 될 것 같지 않아도 참여해보는 적극적이고 긍정적인 정신이 필요하다.

지금부터 더 중요해진 연대의 새로운 방법

×

균형, 치유, 더불어 사는 삶에 대한 지향

특정한 시대에 잘 적응해 살아가려면, 그 시대에 맞는 '관계의 방식'도 익혀야 한다. 돈만 번다고 전부는 아니지 않은가. 경제적인 분야에서 독립 비즈니스로 자신의 사업을 만든다면, 두 번째로는 개인의 시대에 걸맞은 사람들과의 관계에서 신경을 써야 한다. '개인의 시대'라는 것이 '개인으로 고립된 시대'를 의미하지는 않는다. 인간은 애초에 외로움과 단절 속에서는 살아갈 수 없는 존재다. 정서가 불안해지고, 면역력이 약해지고 뇌 기능도 손상된다. 개인이 아무래도 거의 모든 것을 할 수 있는 시대이다 보니 다소간 관계의 끈이 약해지는 경우가 생기곤 한다. 그래서 우리에게는 '느슨한 연대의 능력'이 필수적이다.

개인의 시대일수록, 개인을 존중해야 한다

우선 연대에 관한 오해부터 제거해보자. 개인의 시대에서 말하는 연대란 '나도 부족한 점이 있고 너도 부족한 점이 있으니 우리 서로 부족한 것을 채우자'라는 의미가 아니다. 이런 것에는 굳이 '연대'라는 말을 쓰지 않아도 된다. 개인의 시대 이전에도 이미 서로에게 주는 도움은 얼마든지 있어 왔기 때문이다. 또 하나는 '느슨한 연대'라는 말에 대한 오해다. 사람들은 이 '느슨한 연대'가 학연이나 지연 등의 '단단한 관계'에서 오는 감정노동을 피하고, 더 이상 강압적으로 밀착되기를 원치 않는 경향에서 나온 말이라고 여긴다. 물론 이러한 측면도 있기는 하지만 이것만이 느슨한 연대의 본질이라고 보기는 힘들다.

우선 우리에게 필요한 연대는 '차이를 인정하는 연대'이다. 느슨한 연대의 본질은 서로 다름, 차이, 다른 취향을 인정하기 때문이다. '부부는 일심동체', '검사동일체'라는 말이 누군가에게는 이상적인 형태일지 모르겠지만, 또 누군가에게는 폭력의 한 형태일 수가 있다. 거기다가 실제 현실에서는 구현이 불가능한 이상적인 이야기일 뿐이다. 따라서 차이를 인정하면서도 연대를 하자는 것이 바로 느슨한 연대다. 그저 감정적으로 피곤해지기 싫어서 다소 멀리하는 느슨함이 아닌, 존경과 배려가 담긴 느슨함이기도 하다. 개인의 시대일수록 개인을 존중하는 연대가 필요하다.

또 우리 시대의 연대는 균형을 잡아가는 연대이기도 하다. 우리는 과거 '가족이라는 공동체에 무조건 편입되어야 한다'는 주류 문화에 익숙했다. 여기에 더 이상 편입되고 싶지 않은 사람들이 '비혼'을 선택했지만, 문제는 공동체가 주는 행복이 사라지면서 또 다른 불균형이 온다는 점이다. '결혼은 해도 후회, 안 해도 후회'라는 푸념이 있는 이유는 어쨌거나 불균형이 존재했기 때문이다. 이 문제를 해결하는 방식도 연대가 될 수 있다. 쉐어하우스가 연대의 한 방식인 것은 바로 이런 이유 때문이다. 그곳에 입주하는 사람은 그저 돈을 아끼기 위해서만은 아닐뿐더러, 비용적인 측면에서는 크게 차이가 나지 않는 경우도 있다. 그럼에도 불구하고 원룸이 남아도는 지역에서도 쉐어하우스가 유독 인기를 끄는 이유는 바로 이러한 감정적인 연대, 즉 외로움의 불균형을 타개할 수 있기 때문이다. 결과적으로 우리의 연대란, 개인의 시대가 주는 효용성에도 불구하고 그것이 만들어내는 불균형을 해소하기 위해 서로가 손을 잡는 것을 의미한다.

분열을 종식할 새로운 시대 정신

개인의 시대에 연대는 '치유'의 개념도 가지고 있다. 남성 중심의 성문화가 급격하게 무너지면서 미투 열풍이 불어닥쳤고, 이제는 그것이 단순한 열풍으로 그치지 않고 성평등의 문화로 이어져 나가고 있다. 이런 상황에서 약자이자 피해자인 여성에게 보내는 연대의 해시태그가 바로 '위드유with you'였다. 침묵하지 않겠다, 감추는 행위에 동조하지 않겠다, 너와 함께 하겠다는 이 응원 문구는 곧 치유를 위한 손길이기도 했다. 연대를 통한 소통은 기존의 질서에서 피해를 본 사람을 위로하고 그들을 다시 올곧게 세우는 정신적 지지의 역할을 하기도 한다.

또 개인의 시대에서 연대는 '각자도생'이라는 말이 난무하는 험악한 사회, 불균형이 가속화되는 지금의 사회에서 더불어 사는 삶에 대한 지향이기도 하다. '내가 부족한 것과 네가 가진 것'을 물리적으로 합치는 산술의 개념을 넘어, 마음을 담아 함께 걸어가면서 작은 것이라도 함께 이루고 함께 나누자는 의미이기 때문이다.

더불어 우리는 연대가 혐오에 대응하는 매우 강한 무기임을 알아야 한다. 과거의 질서가 무너지면 사회는 일정 기간 혼란에 빠지게 된다. 그간 유지되어 오던 손해와 이익의 질서, 중심과 주변부의 논리가 무너지면서 서로가 살기 위한 생존 투쟁이 시작되기 때문이다. 이러한 투쟁에는 혐오의 정서가 반드시 동반된다. 상대를 일방적으로 이기기 위해서는 더 많은 사람이 상대방을 미워해야 하기 때문에 그렇다. 하지만 이런 상황에서도 연대의 의식을 굳건히 한다면, 혼란은 빠르게 종식되고 뜻을 함께 모을 수 있다. 한국 사회에 존재하는 혐오의 정서를 분열의 증거로만 보지 말고, 새로운 질서를 위한 전 단계로 바라볼 필요가 있다.

개인의 시대라는 패러다임에서 훌륭하게 살아가기 위해 우리는 치유, 균형, 차이에 대한 인정과 더불어 사는 삶으로서의 연대에 익숙해져야 한다. 그리고 이 연대의 정신을 더 많은 사람에게 알려야 한다. 우리가 더 굳건하게 연대할수록, 우리가 만드는 개인의 시대는 새로운 시대의 정신이 될 수도 있기 때문이다.

개인의 시대에 필요한 'CSR'의 새로운 관점

×

개인의 철학과 신념이 사업에 투영될 때

직장인이라면 누구나 한 번쯤 '기업의 사회적 책임CSR, Corporate Social Responsibility'에 관한 이야기를 들어봤을 것이다. 그러나 대개 사장이나 임원의 일이라고 생각하며, 관련 부서의 팀원이 아니면 자신이 절실하게 해야 할 일이라고 생각하진 않는다. 더구나 이런 활동을 정기적인 봉사나 혹은 이미지 제고를 위한 활동 정도로 이해하곤 한다.

그러다 회사를 나오면 이제 사회적 책임의 개념은 더더욱 희박해진다. 나 자신, 내 가정도 아직 책임지지 못하는 단계에서 사회적 책임을 진다는 것이 마치 어불성설처럼 느껴지기 때문이다. 그래서 '하더라도 여유 있을 때 해야지'라며 지나가는 경우가 대부분이다. 이렇게 되면 개인의 시대에 '기업의 사회적 책임'이란 거의 배제되는 덕목이 될 수밖에 없다. 하지만 관점을 바꿔보면 기업의 사회적 책임은 개인이 짊어져야 할 무거운 짐이 아니라, 더 나은 삶과 생존을 위한 필수 활동이 될 수도 있다.

두 딸을 위해 시작했던 CSR

이제까지 우리가 알고 있는 '기업의 사회적 책임'이라는 개념은 돈의 여력이 있는 대기업, 중견기업의 관점에서 만들어졌다고 볼 수 있다. 그들에게 사회적 책임이란 '이제 여유가 좀 있으니 시야를 넓혀 사회적 약자를 돕자'는 개념이다. 그래서 그들은 이런 활동을 하는 과정에서 전혀 돈이 벌리지 않아도 되고 오히려 돈을 써도 상관이 없다. 더구나 기업의 이미지도 좋아질 수 있으니 일석이조의 개념이다.

하지만 이러한 개념은 개인의 시대를 살아가는 우리에게는 그리 어울리지 않는다. 아직 여유도 없고 남을 돕기에는 내가 살아남아야 할 상황이기 때문이다. 더구나 좋아져야 할 이미지 자체가 없는 경우가 대부분이다. 따라서 만약 여기에만 머문다면, 우리에게 기업의 사회적 책임은 배부른 소리와 다르지 않다.

하지만 관점을 바꾸면 기업의 사회적 책임은 오히려 새로운 사업의 기회가 되며 동시에 세상을 바꾼다는 더할 수 없는 가치를 느낄 수 있는 기회이다. 나만의 사회적 가치와 철학을 따라가다 보면 그곳에서 전혀 다른 사업의 기회를 만날 수 있기 때문이다. 더 행복한 사실은 이러한 사업의 형태는 함께하는 사람들의 열정이 단순히 더하기를 넘어서 곱하기로 발전하기에 그 성과도 훨씬 크다.

물론 이를 '사회적 기업'이 하는 활동과 비교할 수도 있지만, 실제로는 좀 더 광범위한 영역이라고 할 수 있다. 사회적 기업의 최종 목표는 취약계층에 일자리를 제공하거나 그들에게 사회 서비스를 제공하여 지역 사회에 공헌하는 것이다. 그러나 사회적 책임과 함께하는 독립 비즈니스는 이러한 목표를 뛰어넘고 심지어 전 지구적인 영향력을 미칠 수 있는 방향으로 전개될 수도 있다.

현재 내가 하고 있는 '생분해 빨대 사업'이 바로 여기에 해당된다. 계기는 두 딸이 TV에서 코에 빨대가 박힌 바다 거북이를 보면서 가슴 아파한 일이었다. '그렇다고 내가 바다 거북이를 어떻게 살리겠냐'라며 넘어갈 수도 있었지만, 만약 이런 문제에 조금이라고 관여할 수 있다면 아빠로서의 자부심도 살고 아이들의 가정교육에도 좋을 것 같았다. 독일 아이들은 82%가 환경을 위해 소비를 포기할 수 있다는 신념을 가지고 소비 포기 운동을 하고 있지 않은가. 이러한 사고와 행동은 학교뿐만 아니라 가정에서도 생성되어야 한다고 생각한다.

더구나 늘 내가 살아가는 지구는 미래 세대, 특히 두 딸에게 빌린 것이라는 생각이 들었다. '지구', '미래'라고 하면 너무 거창해 보이니 그냥 '집'이라고 생각해보자. 지금 내가 사는 이 집은 30년 뒤에 두 딸이 와서 살 예정이다. 그런데 나는 쓰레기도 치우지 않고 관리도 하지 않으면서 집을 엉망으로 만들고 있다. 곳곳에서 썩는 냄새가 진동하고 비가 오는 날이면 비가 새기도 한다. 함께 사는 반려견은 상처를 치료하지 않아 다리를 절뚝이며 염증에 시달리고 있다고 해보자. 만약 30년 뒤에 두 딸이 "아빠, 우리 이제 여기에 살려고 왔어!"라며 밝은 웃음을 지으며 문으로 들어온다면 어떨까? 상상만으로도 얼굴이 화끈거리는 일이 아닐 수 없다. 나 같은 한 개인이 지구와 바다 거북이를 위해 뭘 할 수 있는지를 걱정할 필요는 없다. 그냥 내가 할 수 있는 일만이라도 하면 된다. 최소한 내가 한 만큼은 깨끗하게 보존되지 않겠는가? 가장 좋은 것은 플라스틱 빨대의 사용량을 줄이거나, 자연으로 돌아갈 수 있는 친환경 빨대를 개발하는 일이다.

물론 유통회사에서 일했던 내가 생분해 기술을 가지고 있을 리는 없었다. 그래서 내가 속한 커뮤니티를 중심으로 이 일을 할 수 있는 사람을 찾아 나섰다. 당시 나는 사회공헌인재학교Young Innovation Party의 운영위원이었는데, 그곳을 통해 중국 쑨성에 있는 한 청년이 생분해 PLAPoly Lactic Acid 관련 제품 개발 기술을 보유하고 있다는 사실을 알게 됐다. 하지만 기술이 전부는 아니다. 상품화가 가능해야 하고 또 유통도 해야 했다. 나의 네트워크를 통해서 이 두 분야의 전문가를 찾기는 그리 어렵지 않았다. 그러나 이 사업이 CSR의 차원에서 진행되는 만큼, 각 회사 대표이사의 경영철학이 '친환경' 컨셉과 맞고 결을 같이 해야 한다고 생각했다. 진정한 CSR은 제조와 유통의 과정에서도 함께 해야 한다고 여겼기 때문이다.

이러한 노력의 결과, 2020년 6월부터 전국의 1만 개가 넘는 편의점에서 플라스틱 빨대가 아닌 '생분해 친환경 PLA 빨대'가 사용되고 있다. 여기서 멈추지 않고 전방위적인 언론 기사와 홍보를 통해서 사람들이 플라스틱의 대체재로 생분해 바이오 매스와 같은 친환경 소재에 관심을 차츰차츰 가지게 될 것이라 본다. 단순히 플라스틱 빨대의 사용량을 줄이는 것 이상으로 지구를 깨끗하게 보존하려는 노력이 진행되고 있으니 나는 '전 지구적 영향력'을 행사했다고 생각하며 이제 자부심을 갖고 일한다. 그리고 두 딸에게 빌린 '지구 집'을 당당하게 물려줄 수 있을 것 같다.

기업의 사회적 책임을 너무 무겁게 바라보지 말자. 큰 기업에서 하는 봉사나 기부라고 생각할 필요도 없다. 내가 할 수 있는 한에서 남을 돕고 사회를 발전시키고 국가와 세계에 기여하면 되는 일이다. 그리고 내가 벌 수 있는 돈을 조금 줄여 사회에 돌리면 그것이 바로 봉사고 곧 기부다.

'나+나'가 만드는 '나들'의 시대

×

함께 일할 새로운 세대의 등장에 주목하자

변하는 것은 시대와 환경뿐만이 아니다. 사람도 함께 변한다. 새롭게 등장하는 세대는 우리 사회의 문화를 바꾸고, 그 연장선상에서 일하는 방식도 바꾼다. 90년생의 등장에 매우 곤혹스러워하는 회사의 중간 관리자들의 모습은 직장 이후의 삶에서도 '사람의 변화'에 주목해야 할 필요성을 느끼게 한다. 앞에서 '개인의 시대'가 왔다는 포고는 모든 사람들에게 동시에 적용된다. 즉, 한 명, 한 명 모두가 개인의 힘으로 똘똘 뭉친 대단한 이들이라는 점이다. 그래서 그들의 특성을 파악하고 어떻게 소통할지를 아는 것은 그들과의 협업을 성공적으로 이끄는 지름길이 되어준다.

개인과 단체의 애매한 구분

직장 내에서도 기성세대와 새로운 세대가 조화롭게 일하는 데 실패하는 이유는 요즘 세대의 생각과 소통법을 무시했기 때문이다. 권위에 의해 무시를 당한 그들이 반격하는 방법은 바로 기성세대를 '꼰대'라는 부정적인 이름으로 규정짓는 것, 그리고 그들에게 협력하지 않는 저항이다. 기성세대의 능력이 아무리 출중한들 새로운 세대의 협력 없이는 회사의 역량을 강화할 수가 없다. 이 말은 곧 퇴사자들에게도 동일하게 적용된다. 일은 스스로 개척할 수 있지만, 결국 개인들과 협력해 함께 팀원이 되는 방법을 모색하지 않으면 자신의 성공도 담보할 수가 없게 된다. 예를 들어 40대 초반에 퇴사를 하게 되면 보통 20~30대와 많이 만나서 실무를 진행할 가능성이 높다. 따라서 그들의 특성을 알고 가장 알맞은 방법으로 관계를 맺어 나가야 한다.

우선 20대를 대표하는 키워드 중의 하나가 바로 '팬텀Phantom 세대'라는 말이다. 마치 유령처럼 본인의 흔적을 남기지 않으면서도 자신의 의견을 확실히 표출하고, 모르는 사람과도 언제든 대화하고, 특정한 프로젝트가 끝나면 또다시 각자 흩어져버리는 것이 이들의 특성이다. 그래서 어쩌면 그들에게는 기성세대가 생각하는 특정한 경계, 즉 '모임', '소속', '단체'라는 구분 자체가 별로 의미 없을 수도 있다. 자신의 취향과 맞지 않는 모임에 억지로 들어가기보다는 내가 원하는 단체의 성격을 내가 정하고, 나 혼자만 소속이 되어도 아무런 불편함도, 어색함도 느끼지 않는 것이 새로운 세대가 가진 무無경계의 사고이다.

지난 2016년 연말, 한 지인이 촛불집회에 참석했을 때 겪은 일이다. 당시 현장에는 개인으로 참여하는 사람들도 물론 많았지만, 특정 단체의 이름으로 참석하는 이들도 많았다. 전국에 구성된 사회단체와 시민단체가 많으니 너무도 당연하고 자연스러운 현상이다. 그런데 거기서 이색적인 깃발을 든 한 20대의 젊은 여성을 보았다고 한다. 단체의 이름은 '고래를 사랑하는 사람들의 모임'이었다. 지인은 '우리나라에 이런 모임도 있었나?'라는 생각이 들었다고 한다. 한국에서 고래가 그렇게 이슈가 되는 동물도 아닌 데다, 얼핏 보니 함께 참석한 사람도 없어 보였기 때문이다. 결국, 궁금증을 참다못한 지인은 그녀에게 물었다.

"그런데 이 고래를 사랑하는 모임에는 몇 명이 소속되어 있어요?"

그러자 그녀는 밝고 경쾌하게 대답했다고 한다.

"아, 저 혼자예요!"

그리고 그녀는 구호를 외치면서 앞으로 걸어 나갔다고 한다.

이러한 이야기에 어쩌면 다소 혼란을 느낄 수 있을지 모르겠다. 홀로 활동하면서 '모임'이라는 깃발을 들고, 또 모호한 '고래 사랑'을 명분으로 내세우는 게 잘 이해가 되지 않기 때문이다. 하지만 어쩌면 바로 이러한 모습이야말로, 오늘을 살아가는 팬텀 세대의 단면을 보여준다고도 할 수 있다.

모두가 다 '개성 있는 나'

중요한 것은 이러한 새로운 세대들은 꼭 돈만 위해 일을 하지는 않는다는 점이다. 그들에게 필요한 것은 공정함, 평등함 그리고 가치 지향이다. 그렇지 않아도 불합리한 시대를 살아온 그들과 일을 할 때 공정과 평등은 절대적 요소다. 이것은 일을 할 때 투명하고 합리적인 소통을 해야 한다는 의미이며, 특정인과의 밀약이 있어서는 안 된다는 의미다.

단, 이렇게 함께 일을 함에 있어서의 전제조건은 바로 '든든한 신뢰'이다. 언제든 나를 위해 시간을 쪼개서 일하고 열정을 만들어낼 수 있도록 하는 서로 간의 믿음은 마치 회사에서의 팀워크와도 같다. 이러한 팀워크 관계가 좋으면 좋을수록 일을 할 때 상대방의 상황에 따라서 비용을 효율화하거나 유연하게 하는 배려의 관계가 성립될 수 있다. 특히 이런 식의 관계 맺기는 그들 세대의 특성에도 매우 적합하다. 이슈와 가치를 따라서 모이고 흩어지면서 각자의 역할을 충실히 하는 과정은 자유롭게 각자의 개성을 추구하는 그들도 분명 반길 만한 일의 진행 방식이다.

새로운 세대를 대할 때는 '각자의 개성 있는 나'가 함께 모였다는 의미에서 '나들'이라는 태도를 가져야 할 필요가 있다. 바로 나와 동일하게 존중받을 '또 다른 나'를 의미하며, 나만큼이나 개성이 있는 '또 다른 나'라는 뜻이다. 이런 '나들'이 함께 모여서 일을 한다고 생각해보자. 그 비즈니스는 물리적으로 가까이 있는 팀원들보다 더욱 공고한 네트워크를 형성할 것이며 그러한 관계를 기반으로 하여 비즈니스를 더 탄탄하게 만들 수 있을 것이다.

PART 2

개인의 시대는 '지금, 여기'에서 준비한다

직장에서 새로운 삶과 미래를 성찰하다

다가오는 개인의 시대를 영접하기 위해서는 지금 현재의 좌표를 정확하게 알아야 한다. 내가 어디에 있고, 무엇을 해왔는지를 알아야 새로운 곳으로 이동할 수 있다.

이는 단순히 자신의 커리어를 한번 정리해보거나, 직장생활에서 무엇을 얻었는지를 아는 것만으로는 부족하다. 내가 해왔던 일의 본질, 직장과 직업의 실제 모습, 그리고 월급의 비밀을 알아야 한다. 뿐만 아니라 회사에서 벗어나기 위해 무엇을 충분히 경험해야 하는지도 함께 알아야 한다. 회사는 초보였던 우리를 키워주고 새로운 레벨로 등극시켜주는 소중한 훈련장이기 때문이다.

그리고 엑시트 즉, 퇴사의 시점도 정확하게 판단해야 한다. 어설픈 타이밍에 어정쩡하게 시도하는 퇴사는 곧 허허벌판에서 벌거벗고 서 있는 자신의 모습을 발견하는 결과를 낳게 된다. 과거에 대한 성찰에서 미래에 대한 통찰로, 지금 '개인의 시대'를 위해 무엇을 준비해야 하는지 알아보자.

직장 이후 5년, 나를 테스트하는 성장의 시간들 × '외상 후 스트레스 장애'가 아닌 '외상 후 성장'을 위해

직장인들이 퇴사를 하는 이유는 저마다 비슷하기도 하고, 또 약간씩 다른 측면도 있다고 본다. 그런데 나에게는 그 어떤 이유보다 중요한 한 가지가 있었다. 그것은 바로 '나는 과연 어떤 사람일까?'라는 고민이었다. 질풍노도의 시기인 사춘기 시절에나 할 법한 고민이 퇴사와 무슨 관련이 있는지 의아할 수도 있다. 그러나 어린 시절부터 회사에서 한창 일하던 시기까지 나를 제대로 직면한 적이 없었다. 학창 시절의 공부야 누구나 그렇듯 부모님이 하라고 하니까 하는 것이고, 나이가 들어 돈도 벌고 가정을 꾸려야 하는 것이 도리이니 회사에 들어가게 된다. 그러나 여기에서도 자신의 진면목을 보기는 쉽지 않다. 회사라는 시스템과 주어진 업무라는 틀 속에서 정신없이 달려가기만 했기 때문이다. 나의 진면목을 발견하기 위한 것 외에도 '나는 과연 어떤 사람일까?'라는 고민을 계속하게 된 이유는 또 있다. 회사와 관련 없는 본연의 내가 어떤 능력을 가지고 있는지, 무엇을 잘하고 무엇을 못하는지를 알지 못한 채 계속 회사 업무만 하는 것은 내 인생에 대한 책임을 방기하는 것 같았기 때문이다. 본질적으로 이것은 '자신에 대한 자신의 에티튜드'이기도 하다.

그래도 한번은 덤벼봐야 하지 않나?

많은 직장인들이 '퇴사 이후에 뭐해서 먹고 살지?'라는 고민을 한다. 사실 나 역시 퇴사를 결심하는 과정에서 이런 고민이 들었지만, 얼마 지나지 않아 그런 질문에는 아무런 답이 없다는 사실을 깨달았다. 나는 내가 무엇을 할 수 있을지, 어떻게 돈을 벌 수 있을지 전혀 알지 못했기 때문이다.

상당수의 다른 사람과 마찬가지로 나 또한 회사를 다니기 전에는 '혼자서' 돈을 벌어본 적이 없었다. 그러니 회사가 아닌 공간에서 내가 어떻게 살아갈지, 무엇으로 먹고살지를 나 스스로도 알 수가 없으며, 또 모르는 게 당연하다고 생각했다. 그 어떤 운동도 해본 적 없는 아이에게 '넌 어떤 스포츠가 좋니?'라고 물어보는 것이나 마찬가지다. 한두 가지라도 해봐야 알 수가 있을 것 아닌가. 결국은 해봐야, 뭔가 일에 도전해봐야 그 과정에서 나를 알아가게 된다. 그런 점에서 아직 퇴사도 해보지 않고, 자신에게 어떤 능력이 있는지 테스트를 해보지도 않은 상태에서 '퇴사 이후에 뭐해서 먹고 살지?'라고 묻는 것은 답이 없는 문제 안에 갇혀버리는 것과 마찬가지라고 본다.

'해보지 않았으니까 모른다'는 것은 곧 '해보면 알 수 있다'는 새로운 가능성에 대한 메시지를 준다. 그런 점에서 이것은 자신 앞에 있는 벽을 문으로 바꾸는 열쇠다. 이 문을 열기 위해서는 우선 자신에 대한 신뢰감과 자신감이 있어야 한다. 막연하게 '너 자신을 믿어', '너 스스로에 대해 자신감을 가져' 같은 희망 섞인 응원이 아니다. 이것은 사회생활과 일을 대하는 태도다. 내가 한 가지 나에 대해서 믿었던 것이 있다. 바로 일을 즐기고, 일을 너무 좋아하며, 문제가 생겨도 좌절하지 않는 태도였다. 정체되어 있는 것을 싫어하고 변화를 추구하며 뭔가 성과를 얻어내기 위해서라면 잔머리라도 쓸 수 있었다. 아직 무엇을 어떻게 해서 먹고 살지는 모르겠지만, 최소한 이 정도의 태도라면 자식들 굶기는 일은 없을 것이라는 생각도 했다. 이것이 실제 어떤 성과를 만들어낼지는 나중의 문제다. 일단 세상에 한번 덤벼볼 생각을 할 수가 있기 때문이다.

그렇게 해서 직장에서 배운 것을 무기로 세상에 덤벼들었고 그 결과 다행히도 2년 만에 최소한의 내 월급을 스스로 만들 수 있었다. 그리고 이를 발판으로 지금은 더욱 광범위한 테스트를 진행하고 있다. 더구나 이 테스트는 한 번으로 끝나지 않는다. 퇴사 후 일정한 경험이 쌓여서 '그래, 이렇게 나가면 되겠어!'라는 기본적인 자신감을 갖는 수준이 된다고 하더라도, 테스트는 계속 되어야만 한다. 우리가 죽을 때까지 새로운 것을 배우듯, 죽을 때까지 나 자신을 테스트하는 것을 멈춰선 안 된다. 언제나 세상은 변하고, 예상이 불가능하고, 또 새로운 것이 등장하기 때문이다.

고통과 마주하지 않으면 아무것도 없다

이러한 테스트의 과정에서 하나 배운 것이 있다면, 그것은 바로 '고생'에 대한 것이었다. 따지고 보면 직장생활에서의 뻔한 미래가 보임에도 불구하고 선뜻 새로운 인생을 개척하지 못하는 이유는 바로 고생할 것 같은 느낌 때문이다. 돈을 아껴가며 살아야 하는 고생, 어쩌면 주변으로부터 '백수'라는 말을 들어야 하는 고생, 언제 돈을 벌어올지 기다리는 아내의 눈빛을 보는 것도 모두 고생이다.

그러나 이러한 고생과 고통만이 나를 성장시킬 수 있다는 사실을 알게 됐다. 불편하고 힘든 그 고통스러운 시선들을 하나씩 걷어가는 과정에서 나는 부쩍 성장하고 조금씩 나의 힘을 확장해나가고 있다는 사실을 느꼈기 때문이다. 따지고 보면 누구나 그렇듯 고생스러운 일을 겪고, 고통을 견디는 마디마디에서 새로운 길이 열린다. 직장생활을 하는 사람이라면 누구나 느끼듯이, 일을 해내는 고통을 참아내야만 성취라는 것도 있고 그 과정에서 자신의 업무 능력이 하나씩 더 발전하게 되는 법이다.

학문적으로도 '외상 후 스트레스'를 겪은 사람들의 상당수가 과거에는 생각도 못한 긍정적인 방향으로 발전한다는 연구 결과도 있다. 노스캐롤라이나대학교의 연구자인 리처드 테데스키Richard Tedeschi와 로렌스 칼훈Lawrence Calhoun은 '외상 후 성장'이라는 새로운 개념을 만들었다. 심각한 병, 가족의 죽음, 개인적으로 겪은 비참한 사건은 외상 후 스트레스를 만들어내는데, 이 과정에서 사람들은 애초에 자신들이 가지고 있던 믿음 구조, 이성적 논리, 자아에 대한 생각이 근본부터 무너져 내리는 경험을 하게 된다. 특히 이 과정에서 매우 고통스러운 감정이 들면서 견디기 힘들게 되는 경우도 있다. 하지만 그 고통 속에서 자신의 생각을 재구성하고, 내면을 바꾸고, 새로운 생각의 길을 찾게 되면 바로 이때 매우 긍정적인 의미의 '외상 후 성장'이 일어난다고 한다. 그들의 연구 결과에 의하면, 고통스러운 트라우마를 겪은 사람들 중 약 70%가 이러한 긍정적인 경험을 한다고 한다.

고통은 성장으로 가는 지름길이다. 그것을 외면하지 않고 당당하게 받아들이는 에티튜드를 가질 때, 직장 이후의 삶은 더 빠르게 성장할 수 있다.

우리는 꼭 행복만 추구해야 하나?

사람의 감정에 대한 이야기 중 꽤 인상 깊게 읽은 내용이 있었다. 미국 웨이크포레스트대학교 교수 에릭 윌슨Eric Wilson이 쓴 《멜랑콜리 즐기기》라는 책에는 '행복'에 대한 매우 이색적인 견해가 담겨 있다. 그는 현대인들이 '잘 짜인 행복의 방정식'에 너무 자신을 억지로 구겨 넣으려는 경향이 있다고 말한다. 슬픔이나 상실, 불행, 우울함과 같은 감정이 완전히 존재해서는 안 될 것처럼 여겨지고, 오로지 '행복'만을 강조하게 되면 이것 자체도 비정상적인 상태라는 의미이다.

인스타그램, 페이스북에 보이는 즐거운 타인들의 일상을 보면 '나만 불행한 것 같은 느낌'이 들기도 한다. 하지만 우리가 계속해서 행복하기만 하면 어떻게 될까. 물론 그런 일은 일어나지도 않겠지만, 그것 자체도 비정상적인 감정 상태이다. 고통을 바라보는 시각도 이렇게 바꿀 필요가 있다.

고통이란 내 인생에 있어서는 안 된다고 생각하는 것, 그것이 절대로 나에게 다가오지 않게 피해가야만 한다는 생각이 어쩌면 우리의 성장을 가로막고 있을지도 모를 일이다. 더구나 자신의 인생 항로를 변경하는 데 있어서 모든 것이 착착, 불편 없이 진행된다는 것 역시 판타지 같은 일이 아닐까? 차분하게 고생스러움도 받아들이고 전진하겠다는 자세가 퇴사를 앞둔 사람들의 불안과 두려움도 잠재워줄 수 있으리라고 본다.

능력 있는 놈이 직업도 많다

×

우리가 오해했던 직업의 본질

우리는 '직업이 많다'라는 말에 일종의 편견을 가지고 있다. '전문성'이라는 용어에 사로잡힌 우리들은 다양한 직업을 수행하면 곧바로 그 전문성이 약화될 것이라고 생각한다. 그래서 일을 부실하게 하고, 그 결과 주변의 인정을 받지 못할 것이라고 여긴다. 하지만 중요한 것은 그 전문성이 과연 어느 정도이냐는 점이다. 특정한 일을 통해서 경제적 자유를 누리고 자신만의 삶의 이유를 찾는데 모두 '박사급'의 전문성이 필요하지는 않다. 그보다는 오히려 경험, 암묵지, 일을 하는 내적인 원리가 훨씬 중요하다. 그래서 '직업이 많다 = 전문성이 떨어진다'는 논리적 연결성이 떨어진다. 오히려 직업이 많다는 사실은 일을 해내는 속도와 양이 우월하기 때문에 가능한 일이다. 같은 일을 해도 빠르게 끝내고, 그래서 더 많은 일을 할 수 있기 때문이다. 당신이 지금 직장을 나온 이후에 최대한 많은 직업을 갖기 위해 노력하고 있다면 먼저 물리적인 직업의 수를 늘리는 데 치중하기보다 그것을 가능하게 하는 '방법'을 알아내는 데 더 중점을 두어야 한다.

직장과 직업, 그 애매한 간극

흔히 "무슨 일 하세요?"라고 물으면 대부분의 사람들이 자기가 다니는 회사 이름을 댄다. 이는 본질적으로 직업과 직장을 혼동하는 일이기는 하지만, 그렇다고 해서 전혀 말이 안 되는 것도 아니다. 우리는 대개 학창 시절에서부터 특정한 직업을 갖기 위해 노력하기보다는 특정한 '직장'에 들어가기 위해 노력을 해왔다. 영어 성적, 봉사활동, 학교 성적 같은 각종 스펙은 '직장'에 들어가기 위한 것이지 특정한 '직업'을 얻기 위한 것이 아니었다. 삼성, LG, 포스코에 들어가면 그 자체로 영광이기 때문에 그 안에서 무슨 일을 하는지를 중요하게 생각하지 않는다. 그러다 보니 '직업=직장'이라는 무의식적인 등식이 성립된다. 그러니 직장과 직업을 혼동하는 일이 우리의 개인적인 잘못은 아니다. 이미 문화 속에서 그렇게 훈련을 받았기 때문이다.

물론 직장이 곧 직업인 경우도 실제로 있다. 예를 들어 A라는 사람이 디자인 회사에 다니고, 그가 디자인 업무를 한다고 해보자. 그러면 그의 직장은 '디자인 회사'이고 그의 직업은 '디자인'이다. 이는 직장과 직업이 거의 유사한 경우다.

그래서 '구분'이 필요하다. 그것은 바로 '직장에서의 직업'과 '온전한 내 직업'이다. 이 둘은 서로 일치할 수도 있고 일치하지 않을 수도 있다. 내가 유통 분야를 좋아하고 퇴사 이후에도 유통과 관련된 일을 하고 싶다고 하자. 그런데 지금 다니는 회사에서 유통 업무를 맡고 있다고 해보자. 이런 케이스는 매우 운이 좋은 경우다. 문제는 이 두 가지가 전혀 다를 때 생긴다. 내가 정작 하고 싶은 일과 직장에서의 일이 분리되어 있을 때이다. 그래서 우리는 직장에 들어가면서부터, 혹은 일을 하는 중간에라도 끊임없이 '온전한 나의 직업'을 꿈꿔봐야 한다. 현재 나의 직장, 현재 갖고 있는 직업과는 완전히 별개로 또 다른 나의 직업을 구상해보아야 한다. 이러한 구상은 자신을 몰입하게 해주고 매일 스스로를 성장시키는 원동력이 된다.

자신만의 온전한 직업이 있다면, 여기에는 '확장성'이라는 것이 존재한다. 즉, 한 분야에서 전문가가 되면 그다음부터 주변으로 확장하기는 그리 힘들지 않다. 그리고 이런 확장을 스스로 해나가다 보면 자연스럽게 직업이 여러 개인 사람이 된다. 가상의 인물인 B의 직업이 10개라고 해보자. 그러면 많은 사람이 "무슨 직업이 10개씩이나 돼?"라고 의아하게 생각할 수 있다. 하지만 그의 직업이

다음과 같다고 해보자.

'작가, 기자, 영화 시나리오 작가, 카피라이터, 라디오 방송작가, 방송 시나리오 작가, 대필작가, 시인, 마케팅 스토리텔러, 논술 지도사.'

직업상의 분류는 10개가 되지만, 본질적으로 필요한 능력은 그리 많지 않다. '뛰어난 글쓰기 역량으로 무엇인가를 표현하고, 그것으로 특정한 결과물을 만드는 것'이다. 단지 그것을 어떤 장場에서 사용하느냐의 문제일 뿐이다. 언론사를 대상으로 하면 기자인 것이고, 광고를 대상으로 하면 카피라이터이다. 영화 분야라면 영화 시나리오 작가가 될 수 있다. 물론 개별적인 영역에서 필요한 별도의 스킬은 있겠지만, '글쓰기 능력'을 중심으로 하는 직업의 본질은 변하지 않는다. 따라서 정말로 자신의 능력을 발휘해 일을 열심히 하고 싶다면 오히려 직업 자체는 많아져야 한다. 주변 영역으로 계속해서 확장해나가면서 새로운 분야를 습득해 나가는 것이기 때문이다. 일반적으로 '원 소스 멀티 유즈One Source Multi Use' 전략으로 불리기도 한다. 하나의 콘텐츠를 개발해 그것을 기반으로 영화, 게임, 음반, 애니메이션, 캐릭터 사업, 장난감, 출판 등에 활용하여 파급 효과를 노리는 마케팅 전략이다. 다른 말로 '원 스킬 멀티 잡One Skill Multi Jobs'이라 할 수 있다.

음식점 하나를 운영해도 마찬가지다. 스스로 음식에 대한 깊은 조예를 가지려고 노력하고 식당 운영에 대해 끊임없이 연구한다면 그는 '외식업 컨설턴트'라는 또 하나의 직업을 가질 수도 있다. 좋은 식자재가 어디에 많은지 알게 되면 '식자재 도매업'을 할 수도 있다. 직업의 개수가 많다는 것은 전문성이 떨어지는 것이 아니라 오히려 전문성을 갖춰야 하는 일이기도 하다.

좋아하는 일이 아니라 매력적인 일

그런데 '온전한 나의 직업'을 찾는다고 해서 꼭 나의 취향이 반영될 필요는 없다. 많은 사람이 '좋아하는 일을 하면서 돈도 많이 벌 수는 없을까'를 고민한다. 그러기 위해서는 돈에 대한 욕망을 줄여야만 한다. 대개 돈이 도는 직업의 세계는 사람들이 일반적으로 '좋아하는 일'의 영역에 속하지 않는다. 금융 분야에서 일을 하면 돈을 많이 벌 수 있지만, 과연 금융이라는 분야가 '사람들이 일반적으로 좋아하는 일'이 될 수 있을까? 4차 산업혁명의 시대에 빅데이터가 유망하다고 할 수 있지만, 과연 이 일 역시 '내가 좋아하는 일'이 되기는 쉽지 않다. 그것이 흥미로울 수는 있어도 자신의 개인적 취향을 만족시켜주는 일이 되기는 쉽지 않다는 의미이다.

그보다는 '운명 같은 일'을 찾는 것이 더 나으리라 생각한다. 황영기 금융투자협회 회장은 한 언론과의 인터뷰에서 이런 이야기를 한 적이 있다.

"금융은 저에게 운명이라고 할 수 있습니다. 처음부터 금융을 할 생각은 없었죠. 첫 직장이 삼성물산이었는데 금융이라는 '업'이 아니라 그저 좋은 직장을 찾아 삼성물산에 들어간 겁니다. 이제는 시대가 변해서 직장보다 직업을 선택해야 합니다. 운명 같은 직업을 찾으라는 거죠. 제가 요즘 젊은이들에게 자주 해주는 얘기입니다."

또한 황 회장은 '운명의 이끌림'이 있었다고 말한다. 직업과 운명. 어떻게 보면 애매하기도 하고 신비로워 보이기도 하고, 우리 같은 평범한 사람들에게 그런 것이 있을까 의문이 들기도 한다. 하지만 여기에서 '운명'은 '매력적인 일'의 다른 말이다. 매력이 있는 사람에게는 자신도 모르게 이끌리듯이, 자신에게 매력적으로 보이는 일은 '운명의 이끌림'처럼 그것에 관심을 갖게 되기 마련이다. '좋아하는 일'과 '돈' 사이에서 어떤 것이 더 나은지를 고민하기보다는 자신도 모르게 흥미가 가고 매력적으로 생각되는 직업에 대해 진지하게 고민하는 것이 더 낫다. 그리고 이러한 매력적이고 흥미로운 직업을 갖는다면, 해당 분야에 대한 탐구욕이 생기게 되고 그 결과 주변의 또 다른 직업으로 확장해나갈 수 있는 길도 많이 열릴 것이다.

'슬픈 이야기'의 주인공이 되지 않기 위해

×

회사는 당신의 역량을 키워줄 평생 인재개발원이다

우리가 회사에서 열심히 일해야 하는 이유는 회사라는 거인의 어깨 위에서 많은 것을 배울 수 있기 때문이다. 그런데 이 거인에 올라 탈 때에는 나름의 전략을 잘 짜야 한다. 그 높은 곳에 올라 세상 풍경만 감상할 것인지, 아니면 치열하게 세상을 관찰하고 거기서 무슨 기회를 찾을 것인지, 어떻게 자신만의 탐험을 해나갈지를 결정해야 한다. 이 과정을 어떻게 보내느냐에 따라 결국 거인의 어깨에서 내려왔을 때의 삶이 결정되기 때문이다. 그래서 우리는 거인의 어깨에 올라타는 순간 언제, 어떻게 내려올지를 생각해야 하고, 내려오기 전까지 무엇을 해야 하는지를 미리 계획해보아야만 한다.

회사의 입장을 이해해야 한다

직장인들이 흔히 하는 착각이 있다. 그런데 이 착각이 무너지는 순간은 어쩔 수 없이 회사를 나오게 되는 때이다. 퇴사를 권고받았던 한 선배는 소주를 마시다 울기까지 했다.

"회사를 나오고 보니까 나랑 그 회사는 아무런 관련도 없더라고. 시골 부모님 댁에서는 처음 내가 입사했을 때 대기업이라고 동네 사람 불러다 잔치까지 했거든. 그런데 이제는 내가 퇴사해서 곤란을 겪더라도 그 회사는 아무런 곤란도 겪지 않아. 나와 회사는 별개였어. 그 회사 다니면서 아이 대학교 등록금까지 마련하려고 내 회사인 양 열심히 일했는데…."

자녀의 대학 등록금까지 생각했던 그 선배는 참으로 책임감 있는 아버지였다. 하지만 안타깝게도 퇴사를 권고받은 당시 선배의 아이는 유치원생이었다. 너무나도 슬픈 이야기가 아닐 수 없다.

모든 직장인은 늦든 빠르든, 의도했든 그렇지 않든 퇴사라는 순간을 맞게 된다. 직장인이라면 지인 중에 안타깝게 직장의 전선에서 잘려나간 사람 한두 명쯤은 알고 있을 것이다. 수십 년간 회사에 헌신했지만 결국 내팽개쳐진 상사와 선배의 뒷모습. 해고 통보를 받자마자 가차 없이 회사 이메일이 정지당하고 자동차 키를 회수당한 임원의 사연. 물론 회사를 나간다면야 당연히 해야 할 일이지만, 왠지 피도 눈물도 없는 냉정함이 느껴지는 것은 어쩔 수 없는 사실이다.

하지만 이러한 사례를 이야기하는 이유는 '회사는 냉혈안이다', '회사는 성과를 위해 가차 없이 사람을 자른다'와 같은 회사에 대한 부정적인 말을 하려는 데 있지 않다. 그보다는 '회사의 입장도 이해해야 한다'는 이야기를 하고 싶다. 회사는 충성스럽고 성실한 인재를 통해서 계속해서 성과를 만들어나가야 하고, 그렇지 않은 사람은 퇴출해야 할 이유가 충분히 존재한다. '전 그냥 월급이나 받을래요'라고 생각하며 일에 대한 열정을 발휘하지 않는 사람을 계속 봐주기만 할 수도 없다. 우리나라가 이 정도로까지 발전한 것도 결국 기업의 성장과 산업 발전이라는 힘이 있었기 때문이다. 그리고 기업에서 오늘도 일하는 1,000만 직장인도 결국 기업을 통해서 생계를 꾸려나간다. 그러니 우리가 회사에게 일방적으로 '당한다'는 생각을 할 필요는 없다. 결국 직장인들도 스스로의 생존을 위해 퇴사를 하는 이가 있듯, 회사 역시 경쟁력의 유지를 위해서 때로 직원을 내보내는 생존의 결단이 필요할 때가 있다는 것이다. 서로가 필요에 따라, 능력에 따라, 또 경기의 흐름에 따라 각자의 생존을 위한 결단을 할 뿐이다. 중요한 것은 나와 회사의 관계를 어떻게 설정하고, 회사에 다니는 시간을 무엇으로 채울 것이냐 하는 점이다.

스스로에게 주는 수료증

회사란 어떤 면에서 당신의 일에 대한 능력을 키워주는 '인재개발원'이다. 기업에서 연수를 하듯, 당신도 회사에 연수를 하러 들어간다고 생각해보자. 이는 '월급'이 목적이 아니라 '연수'가 목적이라는 이야기다. 당신을 갈고 닦기 위해서 들어가는 곳이 바로 회사인 것이다. 물론 모든 연수에는 기간이 정해져 있으니, 이것도 당신이 스스로 결정하면 된다. 5년간 연수를 할 것인지, 10년간 할 것인지를 정하면 된다. 회사생활 이후에 어떤 일을 할 것인지에 따라서 대기업 연수를 선택할 수도 있고 중소기업 연수를 할 수도 있다. 물론 꼭 회사가 아니어도 된다. 장사에 매력을 느끼고 있다면, 시장에 취업해 현장부터 경험하는 현장형 연수를 선택해도 된다.

그리고 더 중요한 것은 이 연수를 제대로 받으려는 태도다. 회사의 모든 일에 깊숙이 관여해야 더 많은 일을 할 기회도 주어지고, 그렇게 해야만 경험의 폭도 넓어진다. 대개 회사는 일을 열심히 하는 사람에게 더 많은 일을 준다. 물론 이를 두고 '같은 월급 받으면서 왜 더 많은 일을 해야 돼?'라는 계산적인 생각을 할 수도 있다. 하지만 연수라고 여기면 관점이 달라진다. 짧은 기간 최대치의 성장을 꾀하기 위해서 월급이 지금보다 더 적어져도 더 많은 일을 하기 위해 안간힘을 써야 한다. 또 이 연수에서 일만 하고 나와서는 안 된다. 회사에서 할 수 있는 것은 다 해볼 필요가 있다. 흔히 말하는 '라인'도 타보고, '파벌싸움'도 해보자. 상사의 눈치를 보면서 기분을 맞추는 스킬도 체득하자. 회사에서 할 수 있는 모든 것을 경험하면 연수 생활은 더욱 풍성해지고, 당신이 나중에 사회에 나와서 할 수 있는 것도 더 많아진다. 그리고 이렇게 제대로 연수를 한 뒤 퇴사의 시기가 다가오면 스스로에게 줄 '수료증'도 만들어볼 필요가 있다. 이렇게 하면 회사로서도 섭섭하지 않다. 근무하는 동안에 당신이 회사에 무한 열정을 발휘해주었고 몰입을 해주었기 때문이다.

엄마가 드는 칼은 사랑하는 자녀를 위한 요리의 도구이지만, 범죄자가 드는 칼을 살인의 무기라는 흔한 이야기가 있다. 이 흔한 이야기를 우리의 직장생활에도 써먹어보자. 누군가에게 회사는 어떻게든 일을 줄이면서 아등바등 월급을 받는 공간이자 미래의 퇴사가 두려워 눈치를 보는 곳이다. 하지만 어떤 이에게 회사는 자기계발을 위한 훌륭한 인재개발원이 되기도 한다. 또한 그 안에서 최대한 성과를 내면서 회사와 윈윈의 관계를 만들어낼 수도 있다. 이렇게 다른 출발점에 서 있을 때 당신은 '너무 슬픈 이야기의 주인공'이 아닌, '너무 행복한 미래의 주인공'이 될 수 있을 것이다.

빛내도 슬프지 않은 가상 사장 체험

×

회사를 싫어하는 당신을 위한 조언

회사를 싫어하는 사람이 많아졌다. 이는 회사에 다녀본 경험자뿐만 아니라, 선배의 경험을 들은 예비 직장인들 사이에서도 퍼져 있는 생각이다. 비인간적인 대우, 부속품 같은 존재, 업무 이외의 충성을 강요받는 분위기, 업무 성과에 따른 냉정한 평가, 거기다가 자신이 원하지도 않는 일을 해야 한다는 슬픈 현실. 이 모든 것이 바로 회사를 싫어하게 되는 이유다. 그래서인지 이러한 상황을 타개하기 위해서 창업을 생각하는 청년들도 많다. 회사에서 시간 낭비하느니, 차라리 자신이 하고 싶은 일을 마음껏, 눈치 보지 않고 할 수 있는 창업을 통해서 자신의 인생을 살아보겠다는 의지다. 하지만 이러한 생각은 '조직 프로세스에 대한 경험'의 측면에서 봤을 때 매우 위험한 선택이 아닐 수 없다.

회사가 걸어온 발전의 길

아직 회사생활을 경험해보지 않은 후배가 "선배님, 회사 다니지 않고 창업을 먼저 해보는 건 어떨까요?"라고 물어본 적이 있다. 그때 나는 이렇게 대답했다.

"길동아, 네가 회사도 다녀보지 않고 창업을 하면, 두 가지 조건이 맞아야 해. 첫 번째는 너희 집이 소름 끼치도록 잘 살아야 해. 1~2억 정도는 아무런 후회도 없이 너에게 쓸 수 있어야 하지. 두 번째는 네가 소름 끼치도록 일을 잘해서, 누구라도 너와 함께 일을 하고 싶어야 해. 그런데 대학 졸업을 앞둔 네가 그럴 리가 없잖아. 그러니까 일단 그냥 우선 회사에 다니는 게 좋겠다."

농담처럼 웃으면서 말했지만, 진심이 담긴 말이었다. 인류는 기업이라는 최고의 발명품을 통해서 일을 진행하고, 제품을 팔고, 이익을 거두는 것에 대한 최적화된 프로세스를 계속해서 발전시키고 수정해왔다. 그러니까 지금 회사의 체제는 누군가 뚝딱 한순간에 제안해서 구체화된 것이 아니라는 이야기다. 회사의 시스템에는 돈을 버는 인류의 지혜가 응축되어 있다고 해도 과언이 아니다. 따라서 개인적으로 독립하기 전에 이 모든 지혜를 자신의 것으로 만들고, 거기에 익숙해지는 것은 향후 독립을 위한 최고의 방법이 아닐 수 없다. 특히 나는 작은 기업을 권한다. 대기업은 자신에게 주어진 역할만 하면 그만이기 때문에 다양한 분야를 섭렵하기가 쉽지 않다.

회사에 다니면서 더 중요한 것은 자기 스스로가 회사의 사장이 되었다는 생각으로 모든 과정을 직간접적으로 체험해보는 일이다. 만약 회사 사장님이 자금난 때문에 은행에서 10억 원의 빚을 내었다면, 그 빚을 자신이 냈다고 생각해보자. 그러면 갑자기 마음이 다급해질 것이다. 어떻게 하면 지금의 난관을 벗어나야 할지 이리저리 머리를 굴리게 된다. 생각이 확장되는 것이다. 빚을 갚으려면 영업이 잘되어야 하기 때문에 수시로 영업 상황을 체크해야 한다. 물론 실제 사장이 아니기에 영업부장으로부터 보고를 받을 수는 없겠지만, 소주 한잔하면서 "부장님, 이번 달 영업은 어떻게 돼가나요?"라고 탐문해볼 수 있다.

우리는 늘 '과정'에 서 있을 뿐이다

불량률이 줄어들지 않는다면, 현장을 찾아가서 역시 탐문하듯 작업 현황을 체크해볼 수 있다. 비록 내가 회사의 막내라고 해도 회사에 관심이 있는 직원의 질문을 막무가내로 내치는 상사는 그리 많지 않다.

만약 결과적으로 사장님이 낸 빚 10억 원이 별로 효과를 거두지 못했다 해도 상관없다. 그 10억은 내가 진 빚이 아니고 사장님이 진 빚이기 때문이다. 나는 그저 10억 원을 빌려보기도 하고, 날려보기도 한 가상 사장 체험을 했을 뿐이다. 아무도 알아주지 않고 혼자 북 치고 장구 치는 격이기는 하지만, 회사의 속살과 운영의 묘미를 알아가기에는 이보다 좋은 방법이 없다. 비록 부장급이라고 하더라도 그저 시키는 일만 하고 말아버린다면, 그 직장생활을 통해 회사 운영의 지혜를 얻기는 힘들다.

괴롭고 힘든 일이 장기화되면, 우리는 모든 것을 충동적으로 포기하고 싶은 마음이 들곤 한다. 회사를 그만두면 행복이 쓰나미처럼 온다고 생각하지만, 결코 그럴 리는 없다. 내가 가장 잘하는 것으로 창업을 한다고 해도 돈이 쑥쑥 벌리는 일은 생기지 않는다. 모든 것은 '과정'에 불과하고 그 사이에서 우리는 점진적으로 성장할 뿐이다. 과정을 거치지 않는 이상, '넥스트'가 있을 리 없다. 물론 우리에게 앞으로 생길 일도 과정일 뿐이다. 그러니 회사라는 과정을 거치고, 그 안에서 먼저 배워야 한다. 그것이 바로 인류가 발명한 거인의 어깨에서 더 크고 넓은 안목을 기를 수 있는 방법이기 때문이다.

이제껏 내 월급은 누가 주었을까?

×

'내가 만드는 월급'의 구조를 보는 법

이제껏 당신의 삶을 지탱해온 존재는 월급이었다. 이제 회사를 떠나 새로운 삶을 꾸리고 싶다면, 그간 받았던 월급을 누가 주었는지, 어떻게 그 월급이 만들어졌는지를 한번 되돌아볼 필요가 있다. 당신이 과거에 받았던 월급의 구조를 알게 되면, 앞으로 당신이 스스로 만들 월급의 구조 또한 알 수 있게 된다.

월급은 회사가 아닌 '다른 사람들'이 주는 것

물론, 대부분의 사람들이 '월급은 회사에서 준다'고 생각한다. 상사나 경영진들이 "회사가 너희를 먹여 살리는데…."라는 말까지 하는 정도라면, 이제 직장인에게 회사는 마치 자신을 돌봐주는 부모님의 위상이 된다. 그래서 결국 '충성'해야 한다는 논리가 뒤따른다. 회사가 월급을 주는 결정권을 지닌 객체로 인식되면 회사에 대한 고마움마저 생겨난다. 이런 상태에서 회사를 떠나야 하다니, 이제 자신은 더 이상의 보호막이 존재하지 않는 들판에 버려진 듯한 느낌이 드는 것도 사실이다. "회사가 전쟁터라면 회사 밖은 지옥이다."라는 명대사는 바로 이렇게 완성된다.

하지만 본질적으로 이제까지 당신이 받았던 월급은 회사라는 조직이 준 것이 아니다. 그것은 바로 소비자라는 '사람'이 준 것이었다. 그러니까 소비자로 불리는 일군의 사람들이 낸 돈이 회사로 들어오고, 회사는 그 돈을 모아놓았다가 특정한 날에 당신에게 입금해준 것에 불과하다. 회사가 당신을 먹여 살린 것이 아니라, 회사 밖의 '다른 사람들'이 당신을 먹여 살렸다.

그러니 회사를 떠나는 것을 인생의 거대한 결단처럼 생각할 필요는 없다. 언제나 돈은 사람으로부터 나왔고, 당신을 거쳐 또 다른 사람에게로 간다. 우리는 늘 그 돈의 흐름 속에 존재해왔고, 그 안에서 노동을 제공하고, 대가를 얻어왔다. 회사가 만들어낸 그 돈의 흐름에서 벗어난다면, 이제 다른 돈의 흐름 안으로 당신을 밀어넣기만 하면 된다. 그렇게 하면 '다른 사람의 돈'이 다시 당신에게로 들어오고 당신은 회사 없이도 그 내부의 흐름에 안착할 수 있다. 회사를 거쳐서 받는 것이나, 직접 받는 것이나 다를 것은 없다. 어차피 그 돈은 본질적으로 '다른 사람들의 돈'이었기 때문이다. 다만 이렇게 반문할 수는 있다.

"회사는 안정적으로 돈을 지급하지만, 내가 직접 사람들에게 돈을 받으면 안정성이 떨어지지 않을까요?"

일견 타당하긴 하지만, 100% 맞는 말은 아니다. 회사의 현금 보유력이 얼마냐에 따라 다르겠지만, 회사 역시 다른 사람들에게 돈을 받지 못하면 월급을 주지 못한다. 부정기적이고, 안정적이지 못할 가능성은 얼마든지 열려 있다. 회사의 생존 주기가 갈수록 짧아지고 있다는 것은 그만큼 그 불안정성이 증가한다는 의미이기도 하다. 당신이나 회사나, 어차피 불안한 존재이기는 매한가지다.

어떤 흐름으로 진입하느냐가 중요하다

더구나 당신 스스로가 이러한 돈의 흐름 안으로 들어가게 되면, 회사보다 훨씬 좋은 점들이 있다. 우선 그 흐름 안에서는 일방적으로 퇴출당할 염려가 전혀 없다. 타의에 의해 나의 운명이 결정되지 않는다는 자부심은 인생의 안정적인 기반으로 작용한다. 두 번째로는 회사에서 일하는 것보다 더 적게 일을 할 수 있다는 점이다. 흔히 '회사에 소속되지도 않은 상태에서 혼자 일하면 훨씬 더 많은 일을 해야 하는 것이 아닌가?'라고 생각할 수 있다. 그러나 사실은 정반대이다. 일반적인 경영의 원리에서 보자면, 당신이 200만 원의 월급을 받기 위해서는 그 세 배인 600만 원어치의 노동을 해야 한다. 그래야 회사의 경비와 복지비용까지 만들어진다. 많은 직장인이 복지가 좋은 회사를 원하지만, 그 복지에 쓰이는 돈도 결국은 본인들이 벌어들인 것에 불과하다. 사장님이 매달 사원들의 복지비 지출을 위해 사비를 털거나 대출을 받지는 않는다는 것이 그 증거다. 따라서 회사를 떠나면, 이제 당신이 월급을 받기 위해 했던 '세 배의 노동'에서 벗어날 수 있다. 물론 퇴사 직후부터 이런 일이 발생하지는 않겠지만, 돈의 흐름이 어느 정도 안착이 되면 훨씬 더 많은 시간이 남는다는 사실을 알게 될 것이다.

본질은 '회사에 다니느냐, 다니지 않느냐'가 아니다. 그보다는 '내가 어떤 돈의 흐름 속에 있는가?'이다. 직장인은 회사와 다른 사람들이 주고받는 돈의 흐름에 부속해 있는 것이고, 자신만의 시스템으로 일하는 사람들은 자신이 만든 돈의 흐름 속으로 진입하는 것이다. 자신에게 '전쟁터를 선택할 것인가, 지옥을 선택할 것인가'라는 질문을 던질 필요도 없다. 이 세상에는 전쟁터와 지옥 말고도 많은 공간이 존재하기 때문이다. 핵심은 지금 당신의 삶이 어떤 흐름 속에서 지탱되고 있는지 파악하고, 앞으로 어떤 흐름을 통해 지탱할 것인가를 선택하는 일이다.

'생존의 비결' 같은 건, 이미 당신도 알고 있다

×

사회에서의 도태란, 스스로 결정하는 것

회사를 떠나서 사회에 나오려고 하면 가장 먼저 걱정되는 부분이 '혹시 이러다가 내가 도태되지 않을까?'라는 불안이다. 회사에 다닐 때에는 그나마 월급도 있고, 회사라는 안전판이 있으니 당장 도태될 것에 대한 걱정은 하지 않는다. 비록 훗날 은퇴나 구조조정이 있을지언정, 당장은 안락한 환경을 제공하고 있으니 여기에서 박차고 나가기는 쉽지 않다. 그래서 직장이 사라진 자신의 미래를 상상하는 순간, 어두운 먹구름이 마음을 갑갑하게 만들기 때문에 그나마 '청량감'이 있는 월급을 선택하게 되는 것이다.

하지만 도태에 대한 지나친 걱정은 접어두기를 권한다. 회사에서 했던 것만큼만 하면 무작정 자신이 도태될 것이라는 걱정에 휩싸일 필요가 없다. 그렇다면 '회사에서 했던 것만큼'은 무엇을 의미할까. 당신이 미처 깨닫기 전에 회사는 이미 보이지 않게 당신에게 '도태되지 않는 비결'을 전수하고 있었다.

회사에서 배우는 네 가지 생존 비결

인도양의 모리셔스Mauritius 섬에 한때 도도새라는 새가 살고 있었다. 이 새는 최상위 포식자였음에도 불구하고 1681년 완전히 멸종되고 말았다. 날개가 있었지만 오랫동안 날지 않아 퇴화했고, 마치 닭처럼 땅에서 생활했다. 모리셔스 섬에는 이 도도새의 천적이 없었기에 이들은 아주 여유롭고 평화로운 생활을 할 수 있었다. 하지만 인간이 이 땅에 도착한 이후, 도도새는 멸종을 하고 말았다. 인간의 포획에 의해 사라진 것이다. 하지만 인간이 도착한 땅의 모든 새들이 다 멸종을 하지는 않는다. 도도새가 멸종된 본질적인 이유는 천적이라는 경쟁자의 부재로 날아다닐 필요도 없었고 자신의 생존 기술을 발전시킬 이유도 없었기 때문이다. 아이러니하게도 '도도'라는 명칭의 의미가 포르투갈어의 '어리석다'에서 유래했다는 설이 있다. 혹은 네덜란드어로 어리석다는 의미의 '도도르dodoor'에서 유래됐다고도 한다. 그 어떤 것이든, 도도새의 이름은 매우 부정적이다.

도태는 대부분 경쟁자가 없는 데서부터 시작된다. 투지도, 극복의 열정도 없는 상태에서 안락함이 계속되면 변화의 틈새를 필사적으로 찾지 않게 된다. 하지만 회사에서는 경쟁자가 일정하게 존재한다. '경쟁 회사'가 분명하게 존재하고 '경쟁 제품'도 있다. 그러니 회사에서 일한다는 것은 곧 '경쟁의 구도'에서 일을 한다는 의미와 동일하다. 독립 사업자가 되었을 때 가장 중요한 것이 바로 경쟁자의 설정이다. 경쟁이 가져오는 부작용도 많다고 하지만, 자신의 생존 기술을 기르기 위한 경쟁은 언제나 긍정적이라고 본다. 물론 '나의 유일한 경쟁자는 나다'라는 말도 있듯이, 어제의 나와 내일의 나를 경쟁의 구도 속에 놓을 수도 있다. 하지만 스스로에 대한 온정적인 시선이 경쟁의 구도를 누그러뜨릴 수 있으니 외부의 선명한 경쟁자를 하나 정해두는 것이 좋다. 자신의 멘토를 경쟁자로 삼는 것도 하나의 방법이다. '나는 언제쯤 저 사람을 따라갈 수 있을까?'라는 존경의 시선을 자신에게 투영하면, 자신에 대한 엄격한 기준을 세울 수도 있다. 퇴사하더라도 회사에서 늘 경험했고 의식했던 경쟁의 구도를 자신의 생활 속에 심어놓으면 일방적으로 도태되는 일은 생기지 않는다.

실행력과 전투력, 그리고 인재 양성

회사가 당신에게 가르쳐준 두 번째 생존의 비결은 바로 '실행력'

이다. 성과는 곧 실행력의 다른 말임을 직장인이라면 누구나 알고 있을 것이다. 그래서 데드라인Dead Line을 생각하면 늘 다급한 마음이 앞선다. 이는 허둥지둥하는 것이라기보다 성과에 대한 갈급함과 비슷하다. 데드라인은 말 그대로 '죽음의 선'이며, 실제 그것을 넘으면 죽음을 당해야 했다. 미국 남북전쟁 당시 포로 수용소의 사방에는 데드라인이 그어져 있었고 포로들이 그 선을 넘으면 탈출 시도로 간주한 후 사살을 했다. 그 선을 넘을 것이냐, 말 것이냐는 곧 살 것인가 죽을 것인가를 결정하는 인생 최후의 선택이 아닐 수 없다. 그러니 퇴사 이후에도 '매일 성과를 내야 하는 간절함'과 데드라인을 지키면서 살겠다는 계획이 있어야 매우 훌륭하게 일상을 컨트롤해 나갈 수 있다. 업무의 창의성 역시 데드라인이 존재해야 잘 발현되곤 한다.

회사가 가르쳐준 세 번째 생존 비결은 '새로운 지식과 정보'다. 평생 살면서 계속 공부하고 새로운 지식과 정보를 받아들여야 하는 것은 당연한 일이 아니냐고 반문할 수 있다. 하지만 지금 말하려는 지식과 정보는 의무감으로서의 지식과 정보가 아니라 '전투력'으로서의 지식과 정보다. 그런데 직장인들은 이미 이것 역시 회사에서 하고 있다. 회사에서는 끊임없이 신상품을 만들어낸다. 그런데 바로 이 신상품이야말로 새로운 지식과 정보의 결정체이다. 새로운 기술, 새로운 디자인, 새로운 트렌드의 변화 등이 모두 '지식과 정보'다. 이는 퇴사를 한 이후에도 계속 추구해야 하는 것이다.

당신이 세상에 내보일 신상품이 없다는 것은, 회사에서 다음 매출을 담보할 상품이 없다는 이야기와 같다. 신상품이 없는 회사. 그것은 이미 망하기로 작정한 회사일 것이다. 퇴사 이후에 하나의 일을 정해놓고 연연세세 먹고 살 수는 없다. 하나의 분야라고 해도 계속 새로운 콘텐츠, 새로운 비즈니스 모델을 만들어야 한다. 이때 반드시 필요한 것이 바로 지식과 정보다. 따라서 회사에서 했던 만큼만 지식과 정보에 갈급하다면 이 역시 토대를 지탱해주는 훌륭한 방어막의 역할을 해줄 것이다.

마지막으로 필요한 것은 바로 인재 양성이다. 회사는 계속 새로운 인재를 들여와서 성장시키고 활용하고 승진을 시킴으로써 미래의 성장을 꾀한다. 인재가 자라지 않는 회사는 결국 도태의 길을 걸을 수밖에 없다. 이렇듯 퇴사 이후에도 계속해서 자신만의 인재를 키우는 데 힘써야 한다.

외식업을 하는 한 후배인 L은 가끔 만날 때면 나에게 늘 새로운 후배를 소개시켜준다. 그 친구와 어떻게 인연이 되었는지, 그 친구의 어떤 능력을 좋게 보았는지를 설명해주곤 한다. 그리고 다음번에 만나면 과거의 친구는 더 높은 자리에 올라가고, 또 새로운 후배를 데려와 소개시켜준다. 이는 그가 인재경영을 매우 잘하고 있다는 사실을 보여준다. 회사는 시험과 면접을 통해서 인재를 영입하고 키우지만, 독립적으로 사업을 하는 사람은 사람을 보는 촉과 일의 성과를 보면서 능력 있는 인재를 영입한다. 물론 그에게 월급을 주며 직원으로 부린다는 의미는 아니다. 그가 할 수 있는 최적의 일을 배치하고 계속 성장하도록 밀어주면서 자신의 곁에 두고 언제든 함께 일을 하는 방식이다. 그러면 마치 정말로 한 회사의 팀장과 팀원처럼 서로 믿고 의지하며 소통하게 된다. 이러한 계속되는 인재의 영입은 꾸준하게 자신의 비즈니스를 뒷받침할 만한 힘을 기르는 방편이고, 또 일을 전수하면서 자신은 더 높은 기회를 노리는 지혜로운 전략이기도 하다. 이러한 후방의 힘과 더 높은 곳으로 전진하는 힘이 함께할 때, 도태란 결코 자신에게 다가오지 않는 불가능한 일이 된다.

어떻게 보면 도태는 환경의 변화에 의한 것이라기보다 자기 스스로 만든 틀 안에 갇힐 때 발생한다. 퇴사 후 회사에 다닐 때 겪지 못했던 자유로움과 눈치 보지 않는 마음의 편안함을 즐기는 것도 좋지만, 회사를 다닐 때 가졌던 경쟁의 구도, 실행력, 지식과 정보, 인재 양성의 기회까지 놓아버려서는 안 될 것이다.

학위라는 커리어, 혹은 기회 확장의 가능성

우리 사회는 여전히 학력 중심 사회다. 물론 이로 인해 생기는 폐해는 매우 심각하다. 사회적인 이슈가 될 정도로 그 부정적인 파괴력도 강하다. 하지만 학위 자체는 자신의 존재를 증명하는 효율적이며 효과적인 수단이 되기도 한다.

나는 직장을 다니면서 석사 학위를 마쳤고, 퇴사를 하면서 곧바로 박사 학위 공부를 시작했다. 이렇게 한 이유는 학위가 개인의 커리어가 분명히 될 수 있다고 믿었기 때문이다. 지금 여러 대학의 강사, 혹은 조교수, 혹은 단체의 자문교수나 이사로 활동하고 있는 데는 바로 이러한 학위의 힘이 크다.

물론 '직장인들은 회사에 다니면서 학위를 따는 것이 너무 힘들지 않냐'라고 반문하기도 한다. 하지만 스스로 시간을 만들어낸다면 충분히 가능하다. 대기업이든 중소기업이든 대리 시절은 무척이나 바쁜 생활을 한다. 윗사람을 보좌하고 자신의 일도 해나가야 하기 때문이다. 하지만 내가 석사 학위를 딴 시기가 바로 대리 시절이었다. 사실 나도 술을 마다하는 스타일은 아니지만, 직장생활을 할 때 특별한 이유 없이 술자리를 갖는 직장인이 되고 싶지는 않았다. 그 시간을 아끼고 아껴서 석사 학위를 따야 했기 때문이다. 또 경우에 따라서는 직장생활을 하면서 박사 학위까지 따는 분들도 있다. 자신의 노력 여하에 따라 얼마든지 가능하다.

또 석사 과정을 거치고 박사 과정에 들어가면 자신만의 전문 분야가 형성되기에 실무를 통한 경험치들이 이론과 적절한 조화를 이룰 수 있다. 이를 통해 지속적으로 학습해나가면 연구자의 자세와 자기계발이 동시에 가능하다.

최근에는 석사의 경우 여러 사이버 강좌가 생겨나고 있으며, 박사의 경우도 직장인을 고려해 주말과정과 야간수업 등을 개설한 대학들이 많이 생겨나고 있다. 과거처럼 풀타임으로 수업을 듣고 학위를 취득했던 때보다는 훨씬 좋은 환경이다. 나의 경우 석사 학위를 취득 후 박사 과정에 있다는 것만으로 대학에서 강의를 할 자격이 주어졌다. 시간강사에서부터 외래교수, 겸임교수를 통해 여러 사람을 만날 수 있고, 각종 학회나 학술기관 등의 네트워크를 더욱 확장할 수 있는 중요한 기회가 되었다.

직장생활을 하면서 개인적으로 책을 읽으며 지식을 쌓는 것도 좋지만, 그것이 사회적으로 인정받을 수 있는 석사와 박사 학위로 이어진다면, 퇴사 후 컨설팅 분야나 대학 강의 등을 통한 또 하나의 큰길을 여는 기회가 될 수 있을 것이다.

언제 '개인의 삶'으로 도약할 것인가?

×

주관적으로 보지 말고 객관적으로 판단하라

삶이 시간과의 싸움이듯, 퇴사의 시기를 결정하는 것도 시간 싸움의 연장선이다. 지금의 나이, 앞으로 회사에서 일을 할 수 있는 시간, 나를 위한 시간의 재투자 등 여러 가지 변수가 얽혀 있는 복잡한 문제이기도 하다. 특히 한번 사표를 던지면 되돌릴 수 없다는 점에서 퇴사의 시기는 매우 심사숙고 해야만 한다. 이러한 퇴사의 시기에 대해 알려주는 다양한 정보들이 있지만, 내가 보기에는 모두 '주관적인 관점'에 매몰되어 있는 것처럼 보인다. 그래서 이럴 때일수록 자신을 제3자의 입장에서 바라보는 '객관적 관점'을 가져야만 한다.

35살 이전에는 물리적으로 불가능하다

직장인들은 '사표를 항상 가슴에 품고 있다'라는 말을 하곤 한다. 언제든 퇴사할 준비가 되어 있다는 그 마음이야 이해하지만, 사실 이는 퇴사의 시기를 선택하는 데 가장 좋지 않은 자세다. 이는 언제든 충동적으로 퇴사할 수 있다는 말과 같기 때문이다. 그런 점에서 퇴사의 시기에 대한 매우 명확한 자신만의 기준을 가지고 있어야만 한다. 많은 사람들이 '직장에서의 비전이 보이지 않을 때', '맨날 같은 일만 하면서 자기 성장이 없을 때', '내가 하는 일보다는 연봉이 너무 적다고 생각될 때'가 퇴사의 시기라고 말한다. 하지만 이것은 모든 것을 '나'를 중심에 놓고 생각하는 주관적 관점이다. 이것들 역시 모두 퇴사의 시그널이기는 하지만, '준비된 퇴사'라는 관점에서 보면 객관성이 너무 결여되어 있다. 이런 관점에 매몰되어 사표를 던지게 되면 정작 아무것도 준비되지 않은 자신을 발견하게 되고, 당황스러움에 몸 둘 바를 모르게 된다.

그래서 내가 말하고자 하는 것이 바로 '객관적 관점'이다. 첫 번째로 나이를 기준으로 볼 수 있다. 일단 35살 이전의 퇴사는 매우 무모하다고 본다. 일단 직장 이후에 자신의 일을 꾸려간다면 해당 분야의 베테랑들과 함께 일을 해야만 한다. 문제는 그들과 업무에 대해 원활하게 대화하고 속 깊은 대화를 할 수 있는 능력이 되느냐는 점이다. 이들과 대화하고 일을 꾸려나가기 위해서는 최소한 회사에 10~15년 정도는 있어야 한다. 그래서 성숙한 사회인으로서의 커뮤니케이션의 방법을 충분히 익힐 수 있고, 어떤 분야든 비즈니스의 핵심 맥락을 꿰뚫을 수 있는 역량을 키울 수 있다. 신입과 대리 정도의 경력으로는 비즈니스 관점에서 조직 안팎으로 의사소통을 하거나 의사결정을 하는 것에는 한계가 있다. 최소 과장 이상의 회사 경험을 가지고 있을 때에야 비로소 비즈니스를 이해할 수가 있다. 국어사전에서 과장을 찾아보면 '회사나 관공서 따위에서, 한 과課의 업무나 직원을 감독하는 직위. 또는 그 직위에 있는 사람'이라고 일컫는다. 영문으로도 'Section Chief'이다. 즉, 특정 영역은 완전히 마스터해야 한다는 의미다. 따라서 직장생활을 하는 중에 '부서section 내에서의 경영자 경험'은 반드시 해보아야 한다.

거기다가 여전히 나이 어린 사람을 무시하는 잘못된 문화도 감안하지 않을 수 없다는 것이다. 최근 '청년 창업'이라는 것이 많이 이뤄지고 있어 그나마 어린 나이에 사업을 하는 것에 대한 부정적인 인식이 줄어들긴 했다. 하지만 역시 나이와 경험, 그리고 성숙한 역량은 정비례한다는 인식이 강하기 때문에 너무 이른 나이에 사회에 나와 베테랑 선배랑 일을 하기에는 부족한 감이 있다. 그래서 내가 생각하는 최소한의 퇴사 나이는 '35살 이상'이어야 한다. 한 가지 덧붙이자면, 39살을 넘기지 않는 방법도 전략적으로 생각해볼 필요가 있다. 현재 정부는 청년 실업 해소 및 경제 활성화를 위해 청년들을 대상으로 다양한 지원 사업을 펼치고 있는데 여기에는 대부분 나이 제한이 따른다. 지원 기관의 성격에 따라서 조금씩 달라지기는 하지만 마지노선이 바로 39살이다. 이 나이가 지나면 청년과 관련된 사업에서 원천적으로 지원받을 수 없게 된다. 따라서 39살을 마지노선으로 하되, 퇴사 직전 1~2년 정도는 정부 지원 사업에 대한 관심과 이에 대한 준비가 필요하다.

두 번째는 독립해서 나의 보험이 될 수 있는 인맥에 대한 리스트업을 가지고 있느냐는 점이다. 이것은 내 휴대폰에 얼마나 많은 사람의 이름이 저장되어 있느냐의 의미가 아니다. '리스트'의 형태로 작성되어야 한다. 예를 들어 나는 아래와 같이 구분해서 사람들을 리스트화하고 있다.

- 기술력이 있는 사람 (연구개발력)
- 특허나 판권을 가지고 있는 사람 (저작권력)
- 인맥이 넓고 영업이 매우 강한 사람 (영업력)
- 해당 분야에서 꽤 오래 일한 사람 (사회적 평판)

만약 산업별로도 리스트가 있다면 엄청난 리소스가 된다. 가령 상품이나 서비스를 런칭하고자 할 때 상품을 공급하는 벤더로서는 어떤 사람이 있으며, 제조를 할 수 있는 사람은 누구인가? 온라인 마케팅을 잘하는 사람은 누구인가? 등에 관한 것은 포털 검색으로도 확인할 수 없는 정보이다. 이러한 분야별 전문가를 집단별, 산업

별 리스트로 풍족하게 보유하고 있다면 퇴사를 위한 필요충분조건이 갖추어졌다고 볼 수 있다.

회사를 이해한다는 것의 의미

세 번째는 물건이나 서비스가 만들어지는 그 모든 프로세스를 어느 정도까지 알고 있느냐는 점이다. 즉 '공정'에 대한 충분한 이해가 있어야 한다. 이것은 특정 분야에 대한 지식을 통해 퇴사 이후 자신만의 전문적인 영역을 만들어가는 데에도 매우 중요하다. 예를 들어 신상품 개발 프로세스, 문제 해결 프로세스, 재고 해결 프로세스 등 자신이 접근할 수 있는 모든 공정에 대해서 '빠삭하게' 알 수 있을 정도가 되어야 한다. 특히 이것은 회사에 근무를 한 경험이 없으면 스스로 키울 수 없다는 점에서 매우 중요하다.

네 번째는 직장생활을 통해서 '회사의 결정과 행동'을 충분히 이해할 정도가 되어야 한다는 점이다. 회사가 언제 명예퇴직을 실시하는지, 아니면 언제 구조조정을 하는지에 대한 배경을 알 수 있어야 한다. 또 회사가 언제 사업을 매각하는지, 어떤 분야의 신성장 사업에 투자하는지도 알아야 한다. 만약 M&A를 한다면 '도대체 저 회사랑 하는 이유가 뭘까?'에 대한 자신의 통찰도 있어야만 한다. 이렇게 회사의 행동과 결정을 이해한다는 것은 곧 자신의 수준이 이제 거의 경영자의 수준이 되었음을 의미한다. 이는 회사에 특정한 일이 닥쳤을 때 경영자의 심리와 합리적인 판단이 어디로 향하는지를 안다는 것과 같다. 이러한 속내까지 속속들이 이해할 수 있다면, 자신의 역량을 믿어도 될 것이다. 더불어 이것들에 대한 충분한 이해는 앞으로 자신의 미래를 개척하는 데에도 큰 도움이 된다. 내가 하는 사업을 언제 접을지, 어떻게 다른 회사와 연합할지, 또 어떻게 새로운 분야로 뻗어나갈 것인지를 결정하는 수준이 되었다는 의미이기 때문이다. 실제 나 역시 근무하던 회사가 백화점을 매각할 때 그 의미와 배경에 대해서 매우 곰곰이 고민해본 적이 있었다. '지금 이 시기에 왜 회사는 손해를 감수하면서도 백화점을 매각할까?'를 따져보면 현재의 경영 상태와 사업의 흐름과 방향을 간파할 수 있다. 바로 이 정도의 레벨에 도달했을 때 비로소 '이제 하산을 해도 된다'고 볼 수 있다.

퇴사의 과정은 매우 무미건조하다. A4용지 하나에 적당히 퇴사의 이유를 둘러대고 상급자에게 제출하면 그만이다. 하지만 이 무미건조한 작업을 하기 전 깊이 있는 고민과 합리적인 판단은 필수적이다. 지금 자신이 만든 인맥에 대한 리스트와 회사에 대한 이해 정도, 그리고 나이를 감안한다면 바로 그곳에서 당신이 퇴사를 결행할 날짜가 언제인지 예측해볼 수 있을 것이다.

PART 3

나만의 비즈니스를 찾아가는 비즈니스 프로듀싱

발상과 능력, 시스템의 전환

세상이 어떻게 변했는지도 알고, 지금의 직장생활에서 배워야 할 것도 살펴보았다. 그렇다면 이제는 자신의 비즈니스를 어떻게 프로듀싱할지 알아야 한다.

기획력과 반응력, 양손잡이 전략과 함께 일하는 사람을 어떻게 대해야 하는지도 살펴보자. 이를 위해서는 '전환의 능력'이 필요하다. 익숙했던 것을 버리고, 낯선 것을 습관화해야 한다. 물론 이 과정이 다소 힘들 수는 있지만, 자신의 인생을 바꾸기로 결심했다면 반드시 해야 하는 일이다. 과거의 나와 미래의 나는 전혀 다른 생활의 패러다임에서 살아갈 것이기 때문이다.

추진력 이전에 기획력

×

모든 것은 기획에서 시작해서 기획으로 끝난다

나의 직업 중 하나는 '비즈니스 프로듀서'이다. 비즈니스 자체를 기획하고, 이를 통해 다른 사람이 돈을 벌 수 있도록 도와주는 것이 바로 나의 비즈니스다. 많은 사람이 자신의 사업을 하고 싶으니, 그들은 모두 나의 고객이기도 하고 내 사업 파트너이기도 하다.

하지만 사실, 모든 이들이 다 비즈니스 프로듀서의 능력을 갖추어야만 한다. 그래야 자신의 독립 비즈니스를 구성할 수 있고, 계속 발전시켜 나갈 수 있기 때문이다. 이번 장에서는 이와 관련된 다양한 역량을 살펴보려고 한다. '나는 내 사업을 만드는 비즈니스 프로듀서다'라는 생각으로 함께 읽어나간다면, 분명 새로운 활로를 찾아낼 수 있을 것이다.

하다못해 쌀에도 기획력이 적용된다

비즈니스 프로듀서가 가져야 할 매우 중요한 능력이 바로 기획력이다. 지금 당신의 주변에 있는 모든 제품, 당신이 이용하는 모든 서비스에는 원천 자원에 '기획력'이 결합되어 있다. 여기에서 원천 자원은 업종마다 달라진다. 하지만 결코 변하지 않는 상수로 함께 붙어 있는 것이 바로 기획력이다. 기획은 사람의 마음을 끄는 매력적인 장치이다. 회사에 있을 때에 마침 기획 분야에서 일했다면 기획에 어느 정도 능하겠지만, 만약 그렇지 않았다면 기획력 키우기에 가장 많은 중점에 두어야 한다.

기획력은 흔히 '어떤 대상에 대한 목표를 설정하고, 그것을 이뤄내기 위해 가장 적합하고 효율적인 행동을 설계하는 것'을 의미한다. 그래서 기획력이 뛰어난 사람은 목표도 더 잘 성취하고, 최소한의 자원만으로도 효과적인 행동이 가능하다. 직장생활에서도 기획력이 뛰어난 사람과 그렇지 않은 사람 간에는 차이가 많다는 사실을 발견할 수 있다. 동일한 목표를 가지고도 어떤 사람은 길고 멀리 돌아가면서 시간도 많이 잡아먹고 제대로 된 성과를 내지 못한다. 반면 어떤 사람은 전혀 다른 방법으로 최단 시간에 목표를 달성하기도 한다. 윗사람으로부터 "야, 대단한데. 그걸 도대체 어떻게 해낸 거야?"라는 말을 많이 듣는다면, 기획력이 좋은 사람이라고 볼 수 있다. 일반적인 사고로는 이뤄내기 힘든 한계를 '기획력의 힘'으로 돌파해냈기 때문이다.

이러한 기획력이 하다못해 어디까지 미치는지를 알고 싶다면, 우리가 매 끼니 먹는 쌀을 보면 된다. 과거에는 그저 품종의 이름을 빌려 '아끼바리 쌀', '고시히카리 쌀'이라고 불렀지만 지금은 각 지역의 특성과 스토리를 입혀 '황금 메뚜기 쌀', '수향미 골드 퀸', '넘 주기 아까운 경기미', '솔직한 농부 순결한 백미 쌀' 등으로 불린다. 눈으로 보기에는 거기서 거기인 것 같은 비슷한 쌀이지만, 이렇게 기획을 통해 브랜드를 만들고 스토리를 입히면 쌀들 간에도 차별화가 이뤄진다.

비즈니스 프로듀서에게도 무엇보다 기획력이 중요하다. 사람들은 자신의 사업에 '문제'가 있을 때 찾아온다. 이때의 문제란 '애초의 목표를 달성하지 못하고 표류하는 상태', '목표는 그대로지만 오랫동안 도달하지 못하고 있는 상태', '도달할 줄 알고 갔는데, 목표에 명중하지 않은 상태' 등이다. 비즈니스 프로듀서는 바로 여기에서 다시 목표와 수단을 재조정하고 최적화된 행동을 설계한다. 사업을 추진하는 데 있어서 실행력, 장애물을 돌파하는 열정도 분명 필요하지만, 기획력이 밑바탕이 되지 않으면 안 된다.

역대 한국 경영자 중에서 불도저의 실행력을 가진 사람이라면 단연 정주영 회장을 꼽을 수 있다. '이봐, 해봤어?'라는 명언은 그를 실행력의 아이콘으로 만들었다. 하지만 사람들이 잘 모르는 사실이 있다. 사실 정주영 회장은 실행가 이전에 뛰어난 기획자이기도 했다.

전쟁이 끝난 1950년대 초반 겨울, UN 사령군에서 정 회장에게 연락을 했다. 당시 부산에 있던 UN군 묘지에 잔디를 깔 수 있냐는 내용이었다. 며칠 후면 전 세계의 UN군 사절이 이곳을 찾는데, 묘지의 모습이 너무 썰렁해 보인다는 말이었다. 한겨울에 푸르른 잔디라니? 인공 잔디가 존재하지도 않던 그 시절, 한겨울에 천연 잔디를 구하는 일은 불가능했다. 그런데 딱 하나, 잔디와 비슷한 것이 있었다. 바로 봄을 기다리는 보리의 푸른 새싹이었다. 정 회장은 트럭 30대를 낙동강 보리밭으로 보내 싹쓸이를 해왔고 이것으로 UN군 묘지를 가꿨다. 그 모습을 본 UN군 관련자는 '원더풀'을 연발했다.

인생이든, 사업이든 밀어붙이기만 해서 되는 것이 아니다. 정주영 회장의 놀라운 실행력 뒤에는 이렇게 디테일한 기획력이 살아 있었다.

상황을 돌파하는 질문의 힘

기획력을 높이는 수많은 방법이 있지만, 현장에서 일하며 느낀 중요한 한 가지는 '질문을 잘해야 한다'는 점이다. 막막할 때마다, 무엇이 문제인지 모를 때마다, 난관에 부딪힐 때마다 스스로에게 질문을 던지면 새로운 길이 조금씩 열리게 된다. 이러한 '질문-새로운 길'의 관계는 정확한 미래 예측이 어렵다는 점에서 기인한다.

삶과 비즈니스는 희미한 불빛에 의존해 앞을 걸어 나가야 한다는 점에서 서로 무척 닮았다. '인간이 계획을 할 때 신은 이를 비웃는다'라는 말이 있다. 미래를 예측하고 계획하는 것이 한편으로는 성공 가능성이 매우 낮다는 데서 나온 말이다. 그렇다면 우리가 희미한 불빛 아래에서 끊임없이 해야 할 일은 바로 '더듬거리기'가 아닐까? 주변을 자꾸 더듬어 봐야 길이 어디 있는지, 장애물이 어디 있는지, 절벽이 어디인지를 알 수 있다. 질문이라는 것은 바로 이러한 더듬거리기의 일종이다. 질문은 현실의 새로운 틈새를 찾아내고, 관점을 다르게 만들고, 본질적 영역으로 접근할 수 있도록 만들어 준다.

또한 질문은 새로운 관점을 자극하는 훌륭한 방법이다. 늘 해오던 행동이라도 여기에 질문을 던지는 순간, 주위가 환기되고 다른 식으로 사고하게 된다. 즉석에서 사진을 인화하는 폴라로이드 사진기도 발명자인 에드윈 랜드Edwin Land의 딸이 했던 질문으로부터 탄생했다. "아빠, 왜 사진을 금방 볼 수 없죠?"라고 딸이 질문한 순간, 랜드에게 순간적인 아이디어가 떠올랐던 것이다.

또 질문은 주어진 현상의 핵심과 본질로 접근할 수 있도록 도와준다. 특정한 공간에 사람이 많다고 해보자. 그냥 '아, 사람이 많구나'에 그치는 것이 아니라 '특별히 이곳에 왜 사람이 많지?'라는 질문을 던지면 새로운 사고가 작동되면서 탐구가 시작된다. 이에 꼬리에 꼬리를 무는 질문을 계속 하다 보면 자연스럽게 핵심과 본질에 다가가서 문제해결을 할 수 있는 기회가 주어진다.

이 외에도 질문은 일의 우선순위를 정하거나 혹은 자신의 감정을 통제하는 데에도 활용될 수 있다. 지금 내 앞에서 너무 많은 잡다한 일이 많아 정신없이 마음만 힘들다고 해보자. 이때 질문이 효과를 발휘한다. "자, 그렇다면 지금 당장 내가 해야 하고, 할 수 있는 일은 무엇일까?"라는 질문을 통해 일의 우선순위를 매길 수 있다. 감정이 혼란스럽고 분노가 치밀 때에도 질문의 힘은 이를 통제한다. "도대체 내가 지금 화내는 이유가 뭐지? 무엇이 나를 이렇게 감정적으로 요동치게 만들까?"라고 질문하면 차분한 생각의 시간을 갖게 하고 감정을 정리할 수가 있다.

확신하건대, 지금 당신에게 특별한 자원이 없다고 하더라도, 이 기획력 하나만 제대로 갖추면 충분히 살아남을 수 있다고 생각한다. 최소 10년 정도의 직장생활을 했다면 알고 있는 지식, 정보 그리고 주변의 인맥을 활용해 구슬을 꿰는 기회를 만들 수 있다. 그리고 여기에 기획력이 덧붙여진다면, 그것은 곧 새로운 일과 수익의 창출로 이어질 수 있다.

가설을 세우고, 증명하는 습관

과학이란 참 매력적인 학문이다. 세상의 진리와 진실을 찾아가는 것이 바로 과학이기도 하다. 그래서 우리는 앞에서 말한 질문의 힘과 더불어 한 가지 더 과학적 방법을 차용할 필요가 있다. 그것은 바로 가설을 세우고 그것을 증명해나가는 방법이다.

'그런 것은 학자들이나 하는 일이 아닌가?'라고 반문할 수 있겠지만, 비즈니스의 진리를 찾고자 하는 이들에게도 꼭 필요한 일이다. 한번 성공한 사람은 계속해서 성공할 가능성이 높다. 흔히 '잘 나가는 사람'은 결국 계속해서 성공을 이끌어내는 사람을 의미한다. 그런데 그 성공에는 다 이유가 있다. 그는 많은 경험을 통해 질문을 던지고, 질문을 통해 가설을 세우고 검증해본 경험이 많았기 때문이다.

흔히 전문가들은 '척 보면 안다'는 말을 한다. 그것은 많은 가설과 검증을 통해 스스로의 공식을 완전히 꿰고 있다는 말과 같다. 그래서 사소한 단서 하나만 가지고도 진단이 가능하고 성공에 대한 예측을 할 수 있다. 그래서 성공한 사람은 또 성공하게 된다. 결과적으로 '질문-가설-증명-공식'으로 이어지는 과정을 계속해나가는 것이 곧 비즈니스의 성공 가능성을 더 높이는 지름길이다.

실행력을 높이는 반응력의 비밀

×

가벼운 마음으로 일에 접근하는 법

직장생활을 해봤다면 실행력의 중요성을 잘 알고 있을 것이다. 하지만 또 제일 어려운 것이 실행이기도 하다. 게다가 '실행력'이라고 하면 왠지 마음이 가지 않아도 억지로라도 해야 할 것 같은 부담이 느껴진다. 딱히 내키지 않는데 부담까지 가지면서 꼭 해야 하나 싶은 생각까지 든다. 나 역시 회사를 나와 혼자서 일을 하다 보니, 이 실행력에 대한 고민이 많았다. 하지만 많은 비즈니스를 진행하면서 실행력과 비슷해 보이지만 전혀 다른 또 다른 능력, 즉 '반응력'이 더욱 중요하다는 사실을 알게 됐다. '어떻게 해서든 행동으로 옮겨야 한다'는 실행력보다는 '주어진 상황에 재빠르게 반응한다'는 반응력은 실행에 대한 고민에 또 다른 해답을 줄 수 있을 것이다.

일에 대한 이미지를 바꿔라

인터넷에는 '실행력을 높이는 방법'에 대한 많은 이야기가 떠돈다. 평범한 블로그부터 영향력 있는 경제경영 사이트까지 실행력에 대한 조언은 차고 넘친다. 이는 그만큼 실행력이 중요하기 때문이다. '실행력의 차이가 경쟁력의 차이'라는 말도 동일한 맥락이다. 그런데도 결정적으로 실행이 어려운 이유는 '마음'이 움직이지 않기 때문이다. '저걸 꼭 해야만 해', '저걸 하고 싶어'라는 마음이 들지 않으면 실행력의 강도도 떨어질 수밖에 없다. 다만 점점 더 마감시간이 다가오고 더 이상 시간을 늦췄다가는 낭패가 될 것 같은 생각이 드는 순간, '도저히 저걸 하지 않으면 안 돼'라는 생각이 들 때 마음이 움직이기 시작한다. 그러니까 이때 마음을 움직이는 동력은 외부적인 것, 위기감인 셈이다. 또 책임감도 동시에 작용한다. 내가 하지 않으면 안 되는 것이라는 책임감 역시 무거운 감정임에는 틀림없다. 그러나 이런 방식으로 늘 실행을 하다 보면 마음이 급해져 일의 퀄리티가 떨어질 위험이 있다. 더구나 일에 대한 이미지 자체가 좋아지지 않는다는 단점도 있다. 위기감이나 책임감에 떠밀려 일하는 것에 익숙해진 사람은 일을 '하지 않을 수 없는 것', '급하게 해야 하는 것'과 연결 짓기 때문이다. 같은 일을 하는데도 늘 마감이 늦고, 시간을 넘기는 사람은 바로 이러한 악순환에 갇혔다고 볼 수 있다. 남들이 볼 때는 '미리 미리 하면 되잖아!'라고 간단히 조언

할 수 있겠지만, 그들의 일에 대한 심리적 습관이 이미 그런 식으로 고착화되었기 때문에 쉽게 바뀌지 않는다. 살이 많이 찐 사람에게 '조금씩 먹고 꾸준하게 운동해봐'라는 조언을 하는 것과 다르지 않다. 다이어트를 하는 사람도 그 정도는 다 안다. 하지만 식생활과 생활습관이 이미 비만하도록 고착화되어 있기 때문에 변화시키기가 쉽지 않다.

이러한 실행력의 문제를 넘어서기 위한 하나의 방법으로 '반응력'을 마음의 태도로 갖도록 해보자. 훨씬 수월함을 느낄 것이다. 나는 늘 후배들에게 '책임감'을 뜻하는 영어 'Responsibility'가 'Response + Ability'라고 말해준다. 즉, 책임감은 '반응하는 능력', 즉 반응력을 통해서 완수된다는 뜻이다.

이 반응력은 주어진 상황에 민감하게 대응하고, 나에게 주어진 질문에 재빠르게 대답함으로써 나에게 주어진 책임감을 훌륭하게 완수하는 것을 의미한다. 일이라는 것도 사실은 나에게 주어진 상황이고, 나를 향한 질문이다. 누군가가 나에게 질문을 했는데 내가 그에 대한 답을 하지 않는다면 사람은 무척이나 답답하지 않을까? 하지만 신속한 반응력을 발휘하면 질문을 한 사람도 속이 시원하고 타인을 만족시켜주는 나 역시 상쾌함을 느낄 수 있다. 이때 형성되는 일에 대한 이미지는 위기감과 무거움, 책임감이 아니라 이보다는 훨씬 더 탄력성이 강한 긍정적인 감정들이다.

실패를 예견하되, 또 시작하라

스타트업계에는 '피봇Pivot'이라는 전략이 있다. 최종 완성된 제품을 소비자에게 탁, 하고 내놓고 최종적으로 돌이킬 수 없는 평가를 받는 것이 아니라 아직 미완성이라도 소비자의 반응을 살피면서 계속해서 수정해나가는 것을 말한다. 이 과정에서 소비자의 욕구를 알게 되고 새로운 트렌드를 반영해 나갈 수 있다. 지금 현재 성공한 상당수의 IT 기업들은 스타트업 시절에 바로 이러한 전략을 통해서 큰 성공을 일궈냈다.

일을 하는 데 있어서 반응력이란 바로 이러한 피봇과 비슷한 점이 많다. 일이라는 것도 최종적으로는 누군가의 평가를 받는 일이다. 그래서 모든 것을 다 완성한 뒤에 내놓는 것이 아니라 처음에는 전체의 레이아웃을 보여주면서 의향을 물어보고, 그다음에는 조금 더 디테일을 보이면서 최종적으로 일의 끝을 향해 가는 방식이다. 역시 이렇게 하면 누군가의 돌이킬 수 없는 최종 판단이라는 부담감에서 벗어나 서로 커뮤니케이션을 주고받는 방식으로 일을 진행해나갈 수가 있게 된다. '괴짜 CEO'로 명성이 높은 리처드 브랜슨Richard Branson 버진그룹 회장이 자서전을 낸 적이 있는데, 그 제목이 '망치고 다시 시작하라Screw It, Let's Do It'이다(한국에서는 《내가 상상하면 현실이 된다》라는 제목으로 출간됨-편집자). 아마도 여기에서 '망치다'는 노력도 열정도 없이 엉망으로 일을 망치라는 의미는 아닐 것이다. 충분히 실패를 예견하되, 계속해서 실패를 감수하면서 또 시작하라는 이야기다. 이 역시 피봇, 혹은 반응력과 매우 비슷한 맥락이다. 그의 자서전 중에는 이런 말이 있다.

"내 인생철학은 매 순간을 즐기는 것이다. 어떤 것을 '오늘 꼭 해야 한다'는 의무감으로 해본 적은 없다. 행복하지 않은 시간을 보내기에는 인생은 너무 짧다. 아침부터 우울한 표정으로 일하러 간다면, 삶에 대한 올바른 태도가 아니니다."

우리는 행복하기 위해 회사를 나왔고, 나오려 한다. 그런데 또다시 무거운 책임감과 막중한 실행력을 발휘해야 한다는 무거운 마음으로 살아간다면, 어쩌면 차라리 주어진 일만 해도 되는 회사생활이 더 행복한 것일지도 모른다. 부담 없이 시도하고 끊임없이 수정하겠다는 태도, 세상이 나에게 던지는 질문에 가볍게 대응해주겠다는 이 '반응력'을 길러본다면, 바로 이것이 일을 즐겁게 만드는 비결이 되어줄 것이다.

비즈니스 프로듀서를 위한 양손잡이 전략

×

현재와 미래를 동시에 잡는 비밀

오래전 '나는 왼손잡이야!'를 외치는 한 가요가 있었다. 오른손잡이를 '평균'으로 보고 왼손잡이를 비정상으로 보는 사회에 대한 항변을 담은 노래였다. 문화적으로는 왼손잡이가 무시를 받았지만 스스로 인재로 커가는 성장 과정에서는 양손잡이가 되어야 한다. 이는 공학과 인문학의 통합을 의미하며 풍부한 상상력으로 서로 다른 것들은 재조합하는 능력을 뜻하기도 한다. 이러한 능력이 기업의 세계로 확장되면 '양손잡이형 기업'으로 발전하는데, '핵심 사업과 혁신 사업'이라는 두 가지를 가지고 지속가능한 성장을 하는 기업을 말한다. 이를 앞으로 우리가 전개하려는 사업에 적용해본다면 적지 않은 교훈을 얻을 수 있다. 자신의 사업을 성공적으로 프로듀싱하기 위해서는 이러한 방향으로의 성장이 필수적이다.

분리되지 않는 하나, 공학과 인문학

학창 시절 레오나르도 다빈치에 대해 배우면서 하나 의아했던 것은 그가 너무 다양한 분야의 전문가로 불렸다는 점이었다. 그는 철학자이면서 화가였고, 해부학자이면서 기술자였으며 수학자이자 건축가였다. 그 당시나 지금이나 '천재'라고 불렸던 인물이니 이 모든 학문을 섭렵할 수 있었을 것이라는 정도로 이해했다. 그런데 지금 와서 생각해보면, 레오나르도 다빈치야말로 인문학과 공학을 동시에 섭렵한 전형적인 양손잡이형 인재였다는 생각이 든다. 공학과 인문학이 어떻게 서로 영향을 미치고 도움을 주는지를 잘 알았던 사람인 셈이다.

회사에서도 공학과 인문학의 구분은 매우 명확하다. 공학은 제조 분야의 엔지니어들이 도맡게 되고 인문학은 그 이외의 홍보, 마케팅, 관리 등등이 맡게 된다. 이렇게 명확한 구분이 있기 때문에 회사를 다닐 때에는 굳이 이 모두에 대한 지식을 가진 양손잡이형 인재에 대해 큰 관심을 가질 필요가 없다. 관심을 가지려고 하면 오히려 '네 분야에서나 최고가 되라'는 핀잔을 들을 뿐이다.

하지만 이제 본격적으로 자신만의 직업으로 삶을 개척하려는 사람에게 양손잡이형 인재가 되는 것은 매우 중요한 과제다. 사실 현실에서 비즈니스를 하는 데 있어서도 공학과 인문학은 결코 분리되지 않는 하나이다. 공학의 영역인 기술을 발전시키기 위해서는 그 기술을 사용하는 사람의 마음을 알아야 한다. 반대로 사람에게 유용한 가치를 주고 싶다면, 그것을 실현시킬 어떤 기술이 있는지도 알아야 한다. 공학과 인문학은 학문적인 구분에 의해 분리될 뿐이지 현실에서는 분리할 수 없는 하나의 단일체라고 할 수 있다. 공학만 아는 사람은 사람에 대한 이해가 부족할 수 있고, 인문학만 아는 사람은 그들의 욕구를 어떤 방식으로 충족해야 할지에 대한 배경 지식이 모자라다.

다만 대학을 졸업한 이후에 이러한 공학과 인문학을 섭렵한다고 해서 너무 어렵게 생각할 필요는 없다. 공학을 배운다고 해서 대학 강의실에서 배우는 어려운 공학기술을 배우는 것도 아니고, 인문학을 배운다고 철학 원전을 읽을 것도 아니다. 최신 기술 트렌드를 꾸준히 읽고, 잘 풀어 쓰여진 인문학 책만 꾸준히 읽어도 양자를 겸비한 양손잡이 인재로의 성장이 가능하다. 그리고 이렇게 양쪽 분야를 함께 아는 능력은 '재조합과 연결'을 가능케 해서 세상에 없던 새로운 것을 만들어낼 수 있다.

양손의 틀에서 사업도 되돌아봐야

한국뉴욕주립대학교의 송형권 연구 교수는 4차 산업혁명 시대의 새로운 비즈니스를 이끌어가는 신인류를 가리켜 '호모 커넥서스

Homo Connexus'라고 이름 붙인 바 있다. 이는 한마디로 '서로 다른 조각을 재조합하는 통섭력을 가진 사람'이라는 의미이다. 예를 들어 이미 알고 있는 기술, 물건, 서비스를 다른 방식으로 재조합, 연결하면서 새로운 것을 창조하게 된다. 사실 스티브 잡스의 아이폰도 무에서 유를 창조한 것이 아니다. '여기 저기 흩어져 있는 것들'을 재조합해서 만들었다고 볼 수 있다. 그래서 호모 커넥서스는 다른 인재들과 함께 일하면서 서로 다른 조각을 조합, 편집하면서 새로운 가치를 창조하게 된다. 특히 디지털 기술은 이러한 재조합과 연결이 쉬운 구조를 가지고 있다. 그러다 보니 마치 놀이처럼 가지고 놀다가 새로운 것이 탄생하게 된다는 이야기다. 공학과 인문학을 경계 없이 넘나들고 그것을 이해해나가다 보면 바로 이러한 '재조합과 연결'의 계기를 만들어낼 수 있다.

개인적으로는 양손잡이형 인재를 추구하지만, 자신의 사업을 만들어 나갈 때는 양손잡이형 기업을 목표 삼는 것이 좋다. '기존에 잘 나가는 사업(핵심 사업)'을 진행해나가면서도 '새로운 사업(혁신 사업)'을 준비해야 하는 전략적 방법이다. 자신의 기존 전문 분야를 굳건하게 지키되, 계속해서 또 다른 혁신적인 사업을 추진하는 것을 말한다.

스타가 아닌 '어벤져스'를 만들어나가는 힘

×

모두가 스타가 되는 문화와 시스템

비즈니스 프로듀서가 해야 할 일은 프로젝트를 중심으로 사람을 모으는 일뿐만이 아니다. 모인 그 사람들을 조화롭게 융합시키는 역할도 맡고 있다. 아무리 먹기 좋은 음식이 있어도 그것을 대하는 사람들의 태도에 따라서 행복한 식사 시간이 될 수도 있고 이전투구로 밥상이 엎어질 수도 있다. 그래서 독립 비즈니스를 잘하기 위해서는 조직된 사람들을 관리하고 올바른 방향으로 이끄는 능력을 갖춰야 한다. 만약 벌려진 판이 자꾸만 깨지는 경험을 하게 되면 평판이 나빠지게 되고 성장의 상승세가 꺾일 수도 있다. 이번에는 프로젝트로 모인 사람들과 함께 일을 할 때에 어떤 부분에 각별히 신경을 써야 하는지를 한번 살펴보려고 한다. 구슬을 모았다면 제대로 꿰어야 작품이 될 수 있기 때문이다.

팀의 성공에 관심을 가지고 있는가?

마블의 영화 〈어벤져스〉 시리즈는 내로라하는 할리우드 스타들을 총출동시키며 전 세계적으로 큰 인기를 얻고 있다. '어벤져스Avengers'는 원래 '복수하는 사람들'이라는 의미이지만, 이제는 영화로 인해 서로 협력해서 공공의 적을 물리친다는 뜻으로 더 많이 쓰인다. 비즈니스 프로듀서로서 사람들을 모았다면 이 '스타들의 협력'이라는 점에 우선 방점을 찍을 필요가 있다. 그리고 이렇게 하기 위해서는 무엇보다 팀을 지배하고 있는 문화를 잘 관리하고 이끌어야 한다.

이러한 역할을 잘 해내는 데 있어서 우리에게 매우 중요한 나침반이 하나 있다. 그것은 바로 '실리콘밸리에서 가장 중요한 문서Culture Deck'라고 극찬을 받는 넷플릭스의 조직문화 가이드이다. '자유와 책임의 조직문화에 대한 가이드Guide on Our Freedom & Responsible Culture'라고 이름 붙은 이 문서에는 조직문화에 대한 놀라운 통찰이 구석구석 보석처럼 박혀 있다. 그중에서 비즈니스 프로듀서를 하는 사람으로서 매우 현실적인 공감을 할 수 있는 내용이 있다.

사람들이 모이고, 일이 진행되고, 성과가 눈에 보이기 시작하면 자기 혼자만 스타가 되려는 사람들이 흔히 나타나곤 한다. 모두의 힘으로 완성되었음에도 불구하고 레퍼런스를 독점하려고 하거나 타인의 성과를 깎아내리는 경우가 생기는 것이다. 이런 일은 회사에서도 흔하게 일어난다. 따라서 이런 일이 발생하는 것 자체에 스트레스 받을 필요는 없다. '사람들이 모이는 곳이라면 어디서든 일어날 수 있는 일'이라고 여기되, 결코 한 사람만 스타가 되는 결과를 만들어서는 안 된다. 어벤져스 시리즈가 그렇게 큰 인기를 끈 것도, 그 안에는 한 명의 스타만이 존재하기 않는 협력의 정신, 공동의 목표를 추구하는 단결의 미덕이 있기 때문이다. 이러한 문제를 예방하기 위해서 넷플릭스의 가이드에는 이렇게 적혀 있다.

- (개인이나 팀이 아닌) 넷플릭스의 성공에 지대한 관심을 갖는다.
- 우리는 최고가 되도록 서로를 돕는다.
- 동료에 대해 이야기할 때, 앞에서 할 수 있는 것만 이야기한다.
- 여러분이나 여러분이 속한 그룹이 일을 즐겁게 만드는 비결이 아닌 넷플릭스에 최선인 것을 찾는다.

이 네 가지는 어벤져스의 정신, 그리고 한 명이 레퍼런스를 독점하지 않는 매우 모범적인 사례라고 할 수 있다. 그런 점에서 비즈니스 프로듀서들은 개인의 이기심이 드러날 틈새를 주지 않고, 팀의 공통 목표에 집중할 수 있도록 해야 한다. 더구나 처음부터 솔직한 소통을 통해 서로가 비방을 할 수 있는 여지를 없애는 것도 매우 중요한다. 진행 과정의 방점은 '개인'이 아닌 '공통의 목표'에 둔다는 사실을 강조하게 되면 혼자만 스타가 되려는 욕심을 어느 정도는 제어할 수 있을 것이다.

성과에 대한 냉정함과 단호함

다만 이렇게 서로의 협력 정신, 공통의 목표에 집중한다고 해서 그들 간의 문화가 온정주의적이거나 혹은 웬만한 실수는 덮고 가는 것을 의미하지는 않는다. 넷플릭스는 냉정한 성과주의를 최우선으로 내세우고 있으며 이를 칼같이 지키는 단호함을 발휘한다. 프로젝트 단위로 모이는 사람들을 지휘하는 비즈니스 프로듀서들에게 이러한 원칙은 반드시 중요하다. 넷플릭스의 가이드에는 비장함으로 가득하다.

- 어지간한 성과를 내는 사람들이라면 퇴직금을 많이 주면서 내보낸다.
- 넷플릭스는 성과가 중심이다. 성과를 잃어버리는 순간, 모든 것은 수포로 돌아가고 만다. 그래서 탁월하지 않으면 퇴직금을 줘서라도 내보낸다. 추상적인 슬로건을 내세우는 것은 아무런 의미도 없다.
- 회사에서의 진짜 가치는 그럴듯해 보이는 구호가 아닌, 누가 보상받고, 승진하고, 해고되는지로 나타난다.

• 우리는 가족이 아니고 팀이다.

이 조항들은 비즈니스 프로듀서가 일의 셋팅할 때 얼마나 엄정하게 사람을 선택해야 하는지를 잘 보여준다. 더불어 일의 중간 과정 중이라 하더라도 특정 부분에서 문제가 발견되기 시작하면 가차 없이 사람을 교체할 수 있는 냉정함도 가지고 있어야만 한다. 프로젝트 팀에도 분명히 보상-승진-해고라는 것이 있다. 다음 프로젝트에서 더 중요한 역할을 맡기고 보상도 높일 수 있으며 다시는 일을 함께 하지 않는 형태의 해고도 가능하다. 따라서 당신이 만든 팀에 이러한 냉정하고 단호한 문화가 적응되고 있다면, 그 이후에 합류하는 사람들 역시 이에 잘 적응할 수 있을 것이다.

마지막으로 중요한 것은 일을 잘 배분하고, 그 일을 충분히 이해시키는 일이다. 비즈니스 프로듀서가 만드는 팀은 말 그대로 팀이지 회사가 아니다. 일부 회사에서 하는 '까라면 까'라는 군대식 문화가 구현될 리가 없고, 그렇게 해서도 안 된다. 따라서 각 개인이 '자신의 일에 대한 충분한 이해'를 가져야 하고 그것이 전체 일의 프로세스에서 어떤 의미가 있는지도 알아야 한다. 넷플릭스의 문서에서는 이를 '맥락'이라는 말로 표현하고 있다.

• 훌륭한 매니저는 사람들을 통제하는 대신, 적절한 맥락을 설정하여 전달함으로써 어떻게 좋은 결과를 얻을 수 있을지를 생

각한다.

• 퍼포먼스가 뛰어난 사람들은 맥락을 이해하고 행동할 때 일을 더 잘 해낸다.

일과 퍼포먼스를 논하는 데에 '맥락'이라는 용어가 다소 뜬금없을 수도 있다. 일반적인 의미에서의 맥락context이란, 주어진 대상 외에 그 대상의 주변부에 있는 모든 정보들을 말한다. 예를 들어 디자이너에게 '이런 이런 디자인을 해달라'고 말하는 것은 디자이너가 담당하고 있는 역할에만 한정지어 말하는 방식이다. 그런데 여기에서 더 나아가 '이 디자인은 무엇을 위해 사용될 것이며, 궁극적으로 무엇을 지향하고 있다'라는 정보까지 함께 주면 디자이너는 자신의 일을 '맥락 속에서 이해하는 것'이 된다. 따라서 더 결과에 부합하도록, 더 목표에 다가갈 수 있도록 디자인하는 것이 가능해진다. 결과적으로 넷플릭스는 각각의 역할을 이러한 전체적인 맥락에서 각 담당자들에게 이해시켰을 때 훨씬 더 좋은 결과물을 낳게 된다는 점을 말하고 있다. 충분한 정보의 전달과 정확한 일의 배분, 그리고 전체 팀의 지향을 골고루 알려주는 것이 바로 '맥락 속에서의 이해'이다.

마지막으로는 '성장'에 대한 욕구를 충족시켜주어야 한다는 점이다. 프로젝트를 기반으로 일을 한다고 해서 그 사람의 능력만 뽑아먹고 헤어지는 것은 아니다. 그것은 돈을 중심으로 모인 일회적인 만남에 불과하다. 하지만 장기적으로 활동을 하려는 비즈니스 프로듀서의 입장이라면, 반드시 함께하는 사람들의 성장을 염두에 두어야 한다. 상대방이 가진 평균의 능력만 활용하는 것이 아니라 조금은 더 어려운 과제를 제공할 때에 오히려 당사자는 일에 더 흥미를 느끼고 열정을 발휘할 수 있다.

모두가 스타가 되는 어벤져스 팀은 각자의 중요성만 언급해주는 것만으로는 구현되지는 않는다. 이기적인 욕심의 철저한 배제와 성과에 기반한 냉정한 평가 그리고 일에 대한 정확한 이해에서 시작된다. 비즈니스 프로듀서는 한편으로는 인간적이지만, 한편으로는 무거운 책임감을 지닌 외로운 리더이기도 하다.

끊임없이 해야 할 '시장 찾아 삼만리'

×

새로운 비즈니스에 도전하기 위해

요즘 젊은 세대들은 〈엄마 찾아 삼만리〉라는 만화를 잘 모를 것 같다. 일본에서 제작된 만화로, 한국에서도 방영되었고 동일한 제목의 한국 영화도 있다. 언론에서도 해외에 입양된 아이가 성인이 되어 한국에 부모를 찾으러 오면 기사 제목에 '엄마 찾아 삼만리'라는 카피를 쓰기도 한다. 엄마를 잃어버린 아이가 평생 엄마를 찾아 헤매듯이 우리 역시 끊임없이 간절한 마음으로 '시장 찾아 삼만리'를 해나가야 한다. 이는 어떤 의미에서 우리가 비즈니스를 통해 돈을 버는 마지막 날까지 해야 하는 숙명과도 같은 일이다. 또한 이것은 개인에게만 국한된 일이 아니다. 우리가 알고 있는 많은 기업들도 계속해서 새로운 시장을 찾아 오늘날까지 온 것이기 때문이다.

비디오 커머스를 넘어 미디어 커머스의 등장

최근 주변에서 '나도 유튜버나 해볼까?'라고 말하는 사람들을 종종 만난다. 그러면 또 다른 사람은 어김없이 '그건 이미 레드오션이라 너무 힘든 일이야'라고 말하기도 한다. 이런 간단한 대화에서도 사람들은 시장을 '레드오션 vs 블루오션'으로 인식한다는 사실을 알 수 있다. 한때 '블루오션'이라는 말이 엄청나게 유행을 했고 그래서 대중들의 인식에 뿌리박혔기 때문으로 보인다. 특히 최근 스타트업들이 일명 '유니콘 기업'이 되는 것을 많이 본 사람들은 역시 '독특하고 전에 없던 아이디어가 돈을 벌게 해준다'라고 생각한다. 이 역시 시장을 블루오션의 관점에서 보는 것이라고 할 수 있다.

그러나 실제 여러 시장에서 활동을 해본 경영자들은 시장을 레드오션과 블루오션이라는 이분법으로 인식하지 않는다. 실제의 시장은 이 두 가지 색깔이 섞여 있는 보라색 시장, 즉 '퍼플오션'이라고 할 수 있다. 이 퍼플오션이라는 관점에서 우리가 우선 배울 수 있는 자세는 블루오션이라고 유리하지도 않고 레드오션이라고 불리하지도 않다는 점이다. 이렇게 시장의 성격에 따라 유불리를 따지는 편견을 제거하고 나면 시장의 다양한 모습들이 드러난다.

우선 실제적인 경험에 의하면, '소비자의 욕구가 진화하는 방향'을 봐야 한다는 점이다. 나는 최근 사이버 강좌 시장에 진입해서 새로운 '비디오 커머스Video Commerce'라는 강좌를 계획 중이다. 과거 전자상거래를 '이커머스E-commerce'라고 부른 것에 빗대어 새로운 형태의 구매 행태를 '비디오 커머스'라고 지칭한다. 쉽게 설명하면 유튜브를 보면서 물건을 구매하는 형태를 말한다. 홈쇼핑이라는 매체는 쇼호스트가 등장해 제품을 설명하고 저렴한 가격을 제시해 폭발적으로 성장했다. 여기서 더 나아간 비디오 커머스는 유튜브를 비롯해 다양한 콘텐츠를 보면서 그곳에 등장하는 물건을 구매할 수 있도록 한다. 이러한 새로운 형태의 구매 방식이 생겨난 이유는 수많은 콘텐츠를 자신의 취향에 따라 골라볼 수 있는 시대가 펼쳐졌기 때문이다. 과거에는 정해진 시간에 TV 앞에 있어야 콘텐츠를 즐길 수 있었지만 지금 TV로만 콘텐츠를 즐기는 젊은 세대는 거의 없다고 봐야 한다. 그런 점에서 다양한 콘텐츠 채널의 등장, 모바일의 대중화라는 조건들이 '비디오 커머스'라는 새로운 욕구로 진화했다고 볼 수 있다.

이러한 비디오 커머스는 레드오션과 블루오션의 경계선에 있는 것, 즉 한쪽에 정확하게 안착하지 않고 그 사이를 타고 가는 '진화'의 관점에서 보는 것이 옳다. 영상 콘텐츠를 구독하는 방식은 이미 막강한 레드오션 시장이다. 하지만 여기에 '제품의 구매'만 살짝 얹으면 곧 블루오션으로 흘러가는 길을 만들 수 있다. 하루가 다르게 변화하는 시장은 '비디오 커머스' 다음 버전으로 미디어 콘텐츠와 전자상거래가 결합한 미디어 커머스Media Commerce의 형태를 이야기한다. 쉽게 말하면 인스타그램 등과 같은 SNS 플랫폼을 통하여 마케팅을 하고 상품을 판매하는 비즈니스 모델이다. 미디어 커머스 방식을 넘어 최근에는 직접 자체 브랜드 PB Private Brand를 만들어 온라인을 중심으로 판매망을 확보하면서 이익률을 높이는 추세이다. 심지어, 미디어 커머스는 SNS를 넘어 TV로까지 채널을 확장하며 하루가 다르게 진화하고 있다.

이런 변화의 관점으로 시장을 바라보며 우리 주변의 수많은 시장들 속에서 새로운 기회를 찾아내야 한다. 지금 현재는 특정한 시장이 주류를 이루고 있지만, 내일은 이 시장이 어떤 방식으로 진화해 갈지를 바라본다면, 미래의 비즈니스에 대한 안목을 기를 수 있을 것이다.

사이드 시장의 등장에 주목하라

두 번째는 '레드오션 안의 블루오션'이라는 관점을 가질 필요가 있다. 뭉뚱그려서 '거기는 레드오션이야'라고 생각하지 말고, 그 안에 비어 있는 부분을 찾아낼 필요가 있다는 얘기다. '레드불'이라는 에너지 음료는 바로 이러한 비어 있는 공간을 찾아내 성공한 케이스이다. 독일의 한 회사 마케팅 팀의 임원이었던 디트리히 마테시츠 Dietrich Mateschitz는 1990년대 말, 신문을 통해 일본에서 세금을 가장 많이 내는 회사가 에너지 음료 회사라는 사실을 알게 됐다. 하지만 그가 주목한 것은 '세금을 많이 내는 회사'가 아니라 '에너지 음료 회사'라는 사실이었다. 물론 당시에도 이미 음료 시장은 포화상태였지만, 유독 '에너지 음료'는 없었다. 그는 당장 회사를 그만두고 파트너와 함께 사업에 뛰어들어 탄산을 섞은 고카페인 음료 '레드불'을 만들었고 유럽 시장에서 큰 성공을 거두었다. 음료 시장은 그 어떤 도전도 먹힐 것 같지 않은 레드오션이었지만, 비어 있는 공간을 공략하자 새로운 비즈니스가 생겨났다. 시장을 뭉뚱그리지 않고 세분화하는 것, 거기에 새로운 가능성이 존재한다.

시장을 바라보는 또 하나의 관점은 '특정한 시장이 생기면 그 주변으로 사이드 시장이 생긴다'는 점이다. 예를 들어 스마트폰 시장이 열리면서 스마트폰과 관련된 부가 상품의 시대도 함께 열렸다. 케이스 시장, 보호 필름 시장, 셀카봉 등이 그 사례이다. 일반인이 스마트폰 시장이 열린다고 그곳에 뛰어들기는 쉽지 않다. 하지만 그 주변 시장으로의 진입은 얼마든지 가능하다. 이 외에도 자율주행차 시대가 열리면, 자율주행차의 해킹에 대비한 보안 시장도 열리게 되고, 드론 시장이 뜨면 드론을 수리하는 시장도 열린다. 또 사회적 변화도 시장을 열어주는 하나의 기폭제가 된다. 비정규직이 늘어나는 사회가 되면서 비정규직을 파견해주는 시장이 생겨났고, 1인 가구가 증가하면서 혼자서는 처리하지 못하는 집안일들을 대신해주는 회사도 생겼다. 이러한 시장의 변화와 자신의 전문성을 연결시키고, 자신의 전문성을 더욱 강화하다 보면 분명 자신의 독럽된 비즈니스를 찾을 수 있을 것이다.

시장은 하나의 '살아 움직이는 생물'이라고 봐야 한다. 그것은 레드오션, 블루오션이라는 하나의 개념적 틀로 가둬둘 수 있는 것이 아니다. 따라서 사회적 변화, 새로운 시장의 등장, 그리고 기존 시장에서의 비어 있는 부분, 소비자 심리의 진화 등 다양한 프레임으로 분석해야 할 필요가 있다.

콘텐츠 크리에이터의 시각으로 세상을 보라

사람은 저마다 세상을 바라보는 특정한 관점을 가지고 있다. 예를 들어 종교인이라면 이 세상은 온통 종교적인 의미를 가진 공간이며, 조각가라면 아름다운 조형의 멋을 찾아내는 데에 익숙할 것이다. 그런 점에서 나는 또 하나의 관점, '콘텐츠 크리에이터의 시각'을 가질 것을 제안한다. 꼭 자신이 콘텐츠를 창조하는 사람이 아니어도 상관없다. 이러한 시각 자체가 자신의 비즈니스를 더욱 풍부하게 만들어주기 때문이다.

콘텐츠란 흔히 영화, 음악, 방송을 지칭하기도 하고, 플랫폼에 들어가 있는 즐길거리 등을 말하기도 한다. 게임 역시 하나의 콘텐츠로 불린다. 각 분야별로 정의가 다양하기 때문에 일괄적으로 말하기는 힘들지만 사람의 호기심을 끌고, 감정적인 충동을 일으키고, 생각을 변화시키는 모든 것을 콘텐츠라고 할 수 있다. 이는 다른 말로 '타인의 마음을 뺏는 사투'라고 할 수 있다. 지금 당장 동영상 플랫폼에 들어가 1인 미디어 방송을 보라. 그들이 얼마나 치열하게 생각하고 이를 실천하는지 알 수 있다. 어떤 면에서 보면 '눈물겹다'고 말해도 과언이 아니다. 그곳에는 스토리텔링이 있고 예상치 못한 반전이 있다.

이것은 한마디로 상상력의 극대화이다. 이러한 상상력의 극대화는 많은 곳에서 빛을 발한다. 강의를 하더라도 색다른 구성을 할 수 있으며, 브랜드를 기획하는 데에도 도움이 된다. 기존 사업을 새로운 차원으로 끌어가는 데에도 도움이 되고, 고객 서비스의 차원에서도 적용될 수 있다. '이제 나는 콘텐츠 크리에이터다'라는 마음가짐을 가져보자. 당신의 경험, 친구와의 대화, 혼자서 하는 생각 모두가 타인의 마음을 뺏는 매력적인 상상으로 변할 수 있을 것이다.

비즈니스를 만드는 발상의 전환법

×

모순의 해결에 새로운 틈새가 있다

어느 날 갑자기 '지금 내가 하고 있는 일을 하지 않으면 난 어떤 일을 할 수 있을까?'라는 생각이 들 때가 있다. 그런 생각이 드는 이유는 나의 능력의 탓도 있겠지만, 더 중요하게는 이미 수많은 사람들이 너무 다양한 분야에서 자신만의 영역을 구축해놓았기 때문이다. 이미 가득한 사업의 기득권 안에서 그것을 파고 들어가기란 쉬운 일이 아니다. 그러나 하나의 탈출구가 있다. 바로 '모순'과 '불합리'를 찾아내는 일이다.

대부분의 사업은 특정한 시기에 호황을 누리지만, 시간이 흐르고 사람들의 라이프 스타일이 바뀌면서 특정한 모순, 혹은 불합리에 부딪히게 된다. 바로 이 지점이 패러다임이 바뀌는 순간이고, 여기에서 새로운 사업의 기회가 생기게 된다. 이런 지점을 공략하면 다른 경쟁자의 고객을 빼앗아와야 하는 혈투를 치르지 않아도 된다.

니즈를 넘어 모순의 해결에 집중하라

어떤 상황에 모순이 생겼다는 것은 그것으로 인해 불편함이 생기고 있다는 뜻이며 최적화되지 못해 낭비가 생긴다는 의미이기도 하다. 따라서 이 부분을 해결해주는 것 자체가 하나의 사업이 될 수 있다. 나는 여러 가지 모순 중에서도 가장 거대한 모순인 '자본주의가 만든 모순'을 극복할 수 있는 공유경제에서 새로운 사업의 기회를 봤다.

공유경제를 탄생시킨 자본주의의 모순은 곳곳에 존재한다. 빈집이 늘어나면서 지방은 이 때문에 골머리를 썩고 그 사이에 주요 도시의 집값을 계속해서 상승하고 있다. 누군가는 집값 때문에 웃지만, 누군가는 눈물을 짓는다. 미세먼지와 교통체증이 심각한 가운데 '나홀로 차량'은 부지기수로 눈에 띈다. 세계에서 가장 잘 사는 미국에서는 음식물의 40%가 버려지고 있지만 1,600만 명의 미국인들이 만성적으로 굶고 있다. 일상에서도 수많은 모순들이 존재한다. 전동 드릴을 비싼 가격에 구매했지만 지난 1년 동안 사용한 횟수는 몇 번일까? 지금 책장에 꽂혀 있는 책을 다시 읽을 가능성은 평생 동안 얼마나 될까? 하지만 어떤 사람은 책을 살 경제적인 여유조차 없다. 이것은 명백한 모순이고 불합리다. 이러한 문제점을 해결하고 경제적 효용성을 증가시키는 것이 바로 공유경제이다. 자원의 낭비를 막고 환경을 보호하고 시간을 절약할 수가 있다.

실제로 나는 이와 관련해서 두 가지 실험적인 도전을 하고 있다. 하나는 지하철 유휴공간에 사무실을 마련해서 많은 이들이 공유할 수 있도록 하는 것과 저녁 시간 학교 운동장을 주차장으로 개방하는 아이디어를 관련 기관에 제시했던 사례이다.

우선 '지하철 공유 사무실'에 대한 내용이다. 많은 스타트업들이 정부의 지원을 통해서 특정한 인큐베이터나 시설에 입주하지만, 일정 기간이 지나게 되면 퇴소해야 한다. 그런데 이런 스타트업들은 한군데 모여 있어야 그 시너지가 생긴다. 서로 부족한 부분을 채워주기도 하고, 더 싸게 일을 해줄 수도 있기 때문이다. 하지만 이런 시설에 들어가면 일정 기간이 지났을 때 뿔뿔이 흩어져야 하는 모순이 생긴다. 함께 모여 있어야 더 강해지는 사람들을 어쩔 수 없이 뿔뿔이 흩어지게 하는 것. 이것 자체도 모순이 아닐 수 없다. 그래서 시작한 것이 지하철 공사에 제안을 해서 유휴 공간을 사무실로 탈바꿈시키는 프로젝트였다. 당시 수십여 개의 공간을 제공받았고 사무실로 탈바꿈시키기 위한 프로젝트를 진행하였다. 이렇게 지하철 내부에 사무실이 있으며 스타트업을 하는 친구들끼리 모이기도 쉽고, 또 언제든 지하철을 이용해 빠르게 이동할 수도 있다. 같이 한 공간에 있을 수는 없어도 훨씬 더 효율적으로 요긴하게 만남을 이어가면서 서로 도움을 주고받을 수 있다는 이야기다.

'학교 주차장'도 사회적 모순을 해결하기 위한 프로젝트다. 저녁이 되면 사람들이 집으로 귀가하면서 주택가 인근은 그 자체로 주차장이 되어버린다. 보행자들은 걷기가 불편하고, 위험하기까지 하다. 그런데 학교 운동장은 어떨까? 아이들이 집으로 돌아간 텅 빈 학교의 운동장도 텅 비어 있다. 이것도 분명 모순이고 불합리다. 하지만 '학교 주차장'을 만들면, 최소 학교 인근의 주민들은 주차난 때문에 고생할 일이 없다. 학교는 전국에 수십여 곳이 있으니 이미 새로운 주차장을 만들 필요도 없다.

일곱 가지 아이디어 발상법

돌아보면 새로운 사업이란 이러한 끝없는 모순과 불합리의 해결이다. 최근 1인용 아파트가 생겼다는 뉴스를 보았다. 일반적으로 개인이 살기에 아파트는 너무나 크다. 경제적 여유가 있다고 하더라도 혼자 살면서 큰 집을 청소하려면 귀찮고 관리비도 많이 나간다. 그래서 대개 혼자 사는 사람은 원룸이나 소형 빌라 등에 주로 살았다. 물론 여기에는 아파트의 편리성은 존재하지 않는다. 이 역시 모순이자 불합리다. 그리고 바로 이것을 해결하려는 것이 바로 '1인용 아파트'인 셈이다.

그런데 이러한 모순과 불합리를 발견한다고 하더라도 그것을 해결할 수 있는 적절한 아이디어가 있어야 한다. 그리고 이러한 아이디어 발상법의 하나가 바로 스캠퍼SCAMPER라고 하는 것이다. 스캠퍼는 수많은 아이디어를 위한 질문법 중에서 핵심적인 사항만 요약해서 만든 방법이다. 대치하기Substitute, 결합하기Combine, 응용하기Adapt, 수정-확대-축소하기Modify-Magnify-Minify, 새로운 용도 생각하기Put to other use, 제거하기Eliminate, 거꾸로 생각하고 재배열하기Rearrange-Reverse로 구성되어 있다. 이는 제품의 가치, 혜택, 서비스, 제품 속성, 가격 등 상품과 서비스에 대한 새로운 발상의 도구로 활용할 수 있다.

예를 들어 '대치하기'를 보자. 수백 년 전에는 컵을 도자기로 만들어 사용했지만, 어느 순간 유리컵으로, 다시 종이컵으로 대치됐다. 여기에 '새로운 용도'를 생각해보면 컵은 이제 텀블러가 될 수 있다. 팩스기와 복사기에 '결합하기'가 적용되어 복합 프린터기가 탄생했다. 기존의 자동차는 모두 덮개가 있고 밀폐된 내부 공간이었지만 여기에 '제거하기'를 적용하면 오픈카가 된다. 이런 방식으로 기존의 상품·서비스가 가지고 있는 모순, 혹은 불합리에 변화를 주면 내가 파고 들어갈 수 있는 새로운 시장이 열리게 된다. 앞에서 본 '학교 주차장'은 새로운 용도를 찾아낸 것이며, '지하철 공유 사무실' 역시 기존에 있던 빈 공간의 새로운 용도를 찾아내 스타트업으로 '확대한' 것이라고 할 수 있다.

이러한 스캠퍼의 기법은 사업에만 적용되지 않는다. 인간관계에도 적용될 수 있으며, 자기계발에서도 활용할 수가 있다. 내가 쓰는 시간 중에서 '새로운 용도'를 찾아내고 '제거하기나 재배열하기'도 얼마든 가능하다. 인간관계라면 둘을 불편하게 하는 부분은 '제거하기'를 통해 좀 더 편안한 관계로 만들어나갈 수도 있다. 이 사람의 능력과 저 사람의 능력을 '결합하기'도 좋은 방법이다.

우리의 뇌가 스스로 알아서 끊임없이 생각해주면 좋겠지만, 사실 뇌는 매우 게으르다. 인체에서 에너지를 쓰는 양이 제일 많기 때문에 특별한 자극이 없으면 최대한 에너지를 줄이려는 성향을 가지고 있다. 그런 점에서 이 스캠퍼 기법은 정체된 뇌를 흔들어 깨우는 훌륭한 삶의 도구가 되어줄 수 있다.

바뀐 강의 패러다임에 뛰어드는 법

×

꾸준히 공부하면 분명 길이 보인다

당신이 무슨 일을 하든 당신의 비즈니스에 '강사'라는 분야를 넣는 일도 추천한다. 일단 직장에서 10년 정도 일을 했다면 강의를 할 수 있는 소스는 꽤 될 것이라고 본다. 강사가 되어야 하는 이유는 강의를 통해서 수익을 창출할 수 있을 뿐만 아니라 그것이 다시 전문적 커리어에 보탬이 되기 때문이다. 그리고 이렇게 더해진 커리어는 더 많은 강의 기회를 얻는 데 도움이 된다. 서로 선순환의 관계를 이루고 있다는 의미다. 최근에는 강의 패러다임도 점차 달라지고 있다. 오프라인 강의를 넘어 온라인 강의들도 많고, 심지어는 유튜브처럼 누구나 강의를 개설할 수 있는 공간도 생겼다. 오랜 시간이 걸리지 않아도 콘텐츠만 확실하면 충분히 빠른 수익을 거둘 수도 있다. 이러한 현상은 과거와는 강의 패러다임이 많이 바뀌었음을 의미하고, 더 많은 사람들에게 더 많은 기회가 열려 있음을 보여주는 일이라 할 수 있다.

점점 많아지는 강의 플랫폼

강의는 매력적으로 보이는 사업 기회다. 강의를 많이 하시는 분들의 이야기를 들어보면 매주 2~3번씩 지방에 여행 가는 기분으로 강의를 가기도 한다고 말한다. 돈도 벌고 여행 기분도 느끼는 직업이 또한 강사이기도 하다. 다만, 이렇게 본격적인 강의 시장에 뛰어들기 위해서는 다소 진입장벽이 존재한다. 이미 많은 강사 분들이 일을 하고 있으며, 또 강의 내용만 좋다고 누구나 강의를 의뢰받지는 않기 때문이다.

따라서 이런 오프라인 강의뿐만 아니라 온라인 강좌로 진입하는 방법도 생각해볼 수 있다. 나 역시 최근 교육부 평가인정 학점은행제 원격교육기관에 리더십 강좌를 개설하면서 또다시 별도의 수익을 올리고 있다. 직장생활은 물론이고, 사회생활을 하면서 만난 많은 경영자들에 대한 이야기, 그리고 내가 직접 공부한 내용을 토대로 차별화된 리더십 강의를 만들어냈는데 이 플랫폼에서의 강좌를 통하여 한 달에 100만 원 정도의 수익이 생긴다. 지난 2018년 임금근로자 평균 한 달 임금이 약 300만 원 정도이다. 강의 하나로 평균 임금의 3분의 1에 해당하는 수익을 만들어낸다는 것은 적지 않은 비중이다. 만약 두 개 정도만 강의를 만들 수 있다면 수익은 금세 200만 원으로 뛸 수 있다.

특히 사이버 강좌는 오프라인 강좌와는 비교할 수 없는 편의성을 준다. 매번 강의를 위해 강의실이 있는 장소로 이동하고 별도의 시간을 내야 하는 수고로움을 들이지 않아도 되기 때문이다. 한 번만 녹화를 해두면, 1년이고 2년이고 내가 신경 쓰지 않아도 강의는 알아서 돌아가게 된다.

또 최근에는 국내외를 불문하고 스스로 자유롭게 강의를 판매할 수 있는 플랫폼도 많이 생기고 있다. 현재 외국에서는 유데미Udemy, 스킬쉐어Skillshare 등의 강의 플랫폼들이 나와 있으며 국내 스타트업들에 의해서도 강의 플랫폼이 만들어지고 있다. 2019년 말까지만 해도 강의 플랫폼들이 완전히 활성화되지 않았지만 코로나19로 인하여 에듀테크 등의 강의 플랫폼 시장은 급격한 성장기를 맞이하였다. 이러한 팬데믹 시대에서 다양한 강의 커리큘럼을 가지고 있는 이들에게는 좋은 독립 비즈니스의 기회가 될 수 있다.

직장생활을 하면서 준비해야 한다

온라인이든, 오프라인이든 강의를 만들고 수익을 내기 위해서는 꾸준한 준비가 필수적이다. 단 몇 개월 만에 해낼 수 있는 일이 아니다. 따라서 직장생활을 하면서부터 자신만의 진입장벽이 높은 전문 영역을 기르는 것이 좋다. 또 만약 자신의 전문 분야가 사양 산업에 속하거나 빠르게 변하는 트렌디한 성격이 아니라고 한다면, 그것으로 수년간을 이어갈 수 있는 콘텐츠를 만들 수 있다.

강의를 기획하는 데 있어 가장 중요한 것은 '엣지 있는 기획력'이다. 지금 현재도 수많은 강사들이 강의를 하고 있다. 따라서 우선 기존 강의를 분석하고, 그들과는 다른 자신만의 차별점을 만드는 것은 물론, 수강생들이 기꺼이 돈을 낼 수 있도록 매력적인 카피로 강의를 만들어야 한다.

특히 강의는 유튜브와는 또 성격이 다르기 때문에 유튜브에 대한 거부감이 있는 사람이라도 충분히 진출 가능하다. 유튜브 영상은 내용의 전문성은 물론이고, 시청자를 붙잡기 위한 '재미' 요소가 크게 가미가 되어야 한다. 짧지 않은 시간 동안 시청자들의 눈을 확실하게 사로잡기 위해서는 엔터테인먼트적인 요소가 필수라는 이야기다. 물론 온라인 강의 역시 재미 요소를 완전히 배제할 수는 없지만, 유튜브 영상을 위한 '재미'와는 다소 차별화되어 있는 것이 사실이다.

또 직장생활을 했던 사람들이 강의를 하게 되면 나름의 장점이 있다. 자신의 '생생한 경험'이 녹아들어갈 수 있기 때문이다. 자신이 보고 들은 것, 실제 성공담과 실패담, 상상을 뛰어넘는 놀라운 사건들은 강의의 리얼함과 생생함을 더욱 보강해줄 수 있다. 강의 시장은 전문성을 가진 직장인이 가장 효율적으로 접근할 수 있는 시장이다. 강의가 메인 잡이 아니라고 하더라도 꾸준히 강의를 하게 되면 자신의 전문성을 알리고 네트워크를 더 강화할 수 있다.

공공 기관도 훌륭한 사업 파트너다

×

정부 입찰 사업에 응할 때 주의할 점

새로운 사업을 시작한다고 해서 꼭 민간의 영역에서만 비즈니스를 해야 한다고 생각할 필요는 없다. 정부 기관 역시 또 하나의 매우 중요한 사업 파트너가 될 수 있기 때문이다. 다양한 지원 사업을 통해서 경제적인 지원을 받을 수도 있고, 직접 입찰에도 관여할 수 있다. 정부는 돈을 확실하게 지급하고 계약 기간을 엄격하게 지키기 때문에 어떤 의미에서는 가장 안전한 사업 파트너이기도 하다. 퇴사 초기에는 당장 자신의 커리어와 레퍼런스가 부족한 경우가 많다. 이때 주도적으로 팀을 꾸리면서 팀원으로 참여하게 되면 커리어도 쌓이고 향후 확장의 발판으로 삼을 수도 있다. 실제로 나는 최근 '강남구 1인 가구 커뮤니티센터' 입찰에 응해 많은 경쟁자들을 물리치고 이 사업을 맡을 수 있었다.

액수가 아닌 경험의 차원으로

공공 기관을 사업 파트너로 삼는 것의 장점으로는 두 가지가 있다. 우선은 정부에서 지원하는 다양한 활동에 참여하면서 지원금도 받고, 이 과정에서 공공 기관과 '프랜드십Friendship'을 맺는 경험을 할 수 있다. 공무원의 세계는 마인드부터 사업 방식까지 일반 민간 기업과는 다소 상이하여 직접적인 경험 없이는 이 세계를 이해하기 힘들다.

최근 본 정부 지원 중 가장 참신하고 이색적인 사업은 '커뮤니티 지원 사업'이었다. 서울시 청년허브에서 지원하는 '청년참'이라는 지원 사업이다. 지원 자격은 '서울에서 활동 중인 3인 이상의 청년 커뮤니티'인데 친구 3명도 커뮤니티이니 지원 자격의 기준은 매우 낮은 편이다. 그런데 지원을 해주는 명목이 이채롭다. '공동의 관심사를 가진 청년들이 자발적인 모임을 통한 교류와 협력의 경험을 바탕으로 다양한 삶의 형태를 모색하는 커뮤니티 활동에 대한 지원'이다. 한마디로 '의미 있는 활동'을 하면 지원을 해주겠다는 것이다. 물론 이 '의미'에 대해 제시된 기준은 없다. 그저 각자가 생각하는 '의미 있는 커뮤니티'라면 충분하다. 다만 지원비가 100만 원으로 선정되면 받을 수 있는 돈이 그리 많지는 않다. 이 비용에는 다과비, 문화비, 임차비가 포함되어 있으며 외부 전문가에 대한 자문비도 포함되어 있다. 물론 100만 원을 지원받기 위해 2차에 걸친 인터뷰와 오리엔테이션을 받고, 결과 보고서까지 제출해야 하는 게 시간 대비 번거로운 일이라 느껴질 수도 있다. 하지만 이를 꼭 액수의 문제로만 볼 필요는 없다. 이렇게 정부 사업에 참여해보면 공무원들의 특성을 잘 알게 되고, 그 과정에서 공공 기관의 업무가 어떻게 진행되는지를 파악할 수 있다. 또 이렇게 지원비를 가지고 친구들과 모임을 진행하면, 친구들과의 친목 도모뿐만 아니라, 정부 지원 사업에 있어서 다양한 활동 경험이 가능하다.

두 번째 장점은 입찰로 일을 따오는 방식을 통해 공공 기관을 정식 사업의 파트너로 만들 수 있다는 점이다. 최근 나는 '강남구 1인 가구 커뮤니티센터' 운영에 대한 경쟁 입찰에 참여했다. 연간 운영 예산도 수억원에 이르며, 계약 기간도 5년이니 사회기관 운영에 대한 노하우도 얻을 수 있고 공공기관과의 값진 파트너십 경험도 쌓을 수 있는 기회였다. 무엇보다 이러한 정부 사업에 참여했다는 사실은 향후 또 다른 공공 기관과의 사업을 위한 매우 큰 레퍼런스가 된다. 이런 것이 하나가 쌓이면 둘이 되기 쉽고 둘이 되면 네 개, 다섯 개가 되기 쉽다. 결국 공공기관 관계자들이 민간에 위탁할 때 중요하게 생각하는 래퍼런스가 쌓이게 되며 이는 '신뢰성'을 증명하는 중요한 지표가 되는 것이다.

물론 이러한 정부 입찰 사업에 지원할 때에는 몇 가지 중요한 대목들을 철저하게 준비해야 한다. 첫 번째는 기관에서 제시한 가이드에 대한 철저한 분석이다. 지원 기관이 궁극적으로 하려는 것이 무엇인지를 간파하고 대응해야 한다. 그리고 이 과정에서는 기관에서 제시하는 가이드 이상의 창의력과 기획력을 발휘할 필요가 있다. 예를 들어, 1인 가구라고 하면 흔히 '독거노인'을 떠올리지만 지역의 인구통계학적 특성을 충분히 분석하여 '나 홀로 직장인'이나 '독거 중년'으로 확대한다면 더욱더 좋은 기획안이 될 수 있다는 것이다.

두 번째는 해당 분야에서의 경험이 높은 인적 네트워크이다. 예를 들어 예술과 관련된 사업이라면 예술에 대한 경험이 있는 인원으로 구성된 조직을 구성해야 하며, 빅데이터와 관련된 내용이라면 관련 전문가의 컨설팅을 받거나 자문으로 인력 확보를 하여야 한다. 현재의 조직이 직접 예술에 대한 경험이 없거나 빅데이터에 대한 지식이 없어도 인적 네트워크를 구성하는 과정을 통하여 전문성을 보강할 수 있어야 한다.

우리 안의 공유 경제를 위한 제안 × 함께 가는 흥미진진한 탐험

회사에서 나오면 가장 먼저 제기되는 문제가 바로 '신뢰'에 대한 부분이다. 기관이나 단체, 혹은 회사와 파트너로 일하기 위해 제안서를 내거나 미팅을 해도, '그래서 내가 당신을 어떻게 믿죠?'로 끝나는 경우가 종종 있기 때문이다. 이것은 뛰어난 능력이나 그럴듯한 계획과는 아무런 관련이 없다. 회사가 아닌 개인이라는 것 자체가 때로는 장애물이 될 수 있기 때문이다. 그래서 필요한 것이 단체의 힘, 그리고 협력이 만들어내는 에너지다. 혼자가 아닌 함께 뭉쳐 있다면 신뢰성을 더 담보할 수 있고, 그것이 사회적인 틀, 예를 들어 사단법인이나 협동조합의 형태가 되면 좀 더 강한 신뢰를 이끌어낼 수 있다. 또 이렇게 함께 일하면 창의성도 늘어나고 성과도 더 높게 나온다. 그런 점에서 나는 독립 비즈니스를 하는 사람끼리 모임이나 단체를 만들기를 적극 권한다. 이렇게 하면 전문성을 가진 보다 많은 사람이 참여하게 되고, 이것이 외부적인 공신력을 만들어나가는 하나의 방법이 될 수 있기 때문이다.

협력이 부르는 성공

최근 나는 공공기관과 함께 일하면서 사단법인의 힘을 절감했다. 사단법인은 개인이 만들어낸 단독의 힘을 극복하고 더 많은 신뢰성을 얻어낼 수 있게 해주었다. 사실 처음 사단법인을 만든다고 했을 때 주변 사람들에게 "왜 네가 사단법인을 만들려고 하는지 도저히 이해가 가지 않는다."라는 말을 많이 들었다. 한 1년쯤 지나고서도 그들은 여전히 이해하지 못했다. 혼자서 일을 하면 되지, 왜 굳이 사단법인을 만들려고 하는지 이해를 못했던 것이다. 그러나 사단법인이나 진흥원, 혹은 협동조합은 사람들의 모임에 '사회적인 힘'을 부여하는 방식이다. 일정한 조건을 갖추고 정부의 인증을 받음으로써, 연대의 힘을 견고하게 만드는 일이라고 할 수 있다.

그런 의미에서 독립적인 사업을 펼쳐가는 사람들의 연대도 필요하리라고 본다. 퇴사 후 혼자 고군분투하며 길을 헤쳐 나가기보다는 함께 모여 능력을 합치는 방식이다. '개별적 능력의 결합을 통한 힘을 증대'라는 측면이 좀 더 강하다고 볼 수 있다. 아직까지 '비즈니스를 목적으로 하는 퇴사자들의 연대'에 대해서는 별로 들어본 적이 없다. 만약 독립 사업자들, 비즈니스 프로듀서들의 연대가 만들어진다면 다른 모임들과는 확실한 차이가 생길 것이다. 우선 모두 '회사'라는 곳에서 일을 했기 때문에 동일한 문화적 지향성을 가지고 있다. 회사에서의 서열, 눈치, 압박, 비합리적인 모습에서 벗어나고 싶어 했던 사람들이기에 수평적이고 협력하는 문화가 매우 빠르게 정착될 수 있다.

이러한 새로운 연대는 분명 기존의 회사 형태보다 훨씬 더 높은 효율성을 지닐 수 있다. 《펭귄과 리바이어던》을 쓴 하버드대학교 법학대학원 요차이 벤클러Yochai Benkler 교수는 '인센티브나 처벌, 통제가 아닌 협력에 의지한 시스템이 더 성공적이다'라는 주장을 했다. 국내 언론과의 인터뷰에서 그는 이렇게 이야기했다.

"이타심과 선의라는 인간의 본질적 동기를 이끌어내는 협력 체계를 발전시키면 사회 제도를 개혁하고, 범죄를 줄이며, 과학을 발전시키고, 비즈니스까지 개선할 수 있다. (…) 제대로 가동한다면 협력을 기반으로 한 사회는 충분히 효율적이면서도 도덕적이다. 구성원들로 하여금 자발적으로 의욕을 이끌어내고 동시에 생산성이 향상되는 그런 체제를 만들 수 있다. (…) 직원들이 흥이 나서 일할 수 있도록 자율성을 부여하고 통제를 느슨하게 해야 혁신을 이룰 수 있다는 연구 결과가 많다."

우리 안의 공유 경제

많은 직원들이 이상적으로 여기는 이러한 모습은 아직 국내 기업에서 이뤄내기에는 쉽지 않은 일이다. 하지만 퇴사자들의 연대라면 충분히 가능하지 않을까? 월급을 주는 회사의 형태가 아니라 함께 프로젝트에 참여해 수익을 나누는 '회사 아닌 회사'라면 구현될 수 있다고 본다. 또 이런 형태라면 주주에게 배당해야 할 돈을 쌓아 놓을 필요도 없고, 일반 사원과는 비교할 수 없이 많은 월급을 가져가는 경영자도 없다. 각자의 노동으로 각자의 몫을 가져갈 수 있다는 의미이다.

물론 이런 연대 안에서 약삭빠르게 자신의 이익만 챙겨가는 사람들도 생길 것이다. 하지만 벤클러 교수는 이에 대해 "크게 걱정할 필요는 없다."고 말한다. 인맥과 평판이 중요한 사회에서 그런 사람들은 도태될 수밖에 없기 때문이다. 수천, 수만 명 단위의 거대한 커뮤니티가 아닌 이상 이러한 인맥과 평판은 곳곳에 스며들어 '보이지 않는 손'의 역할을 할 수 있다.

서로 협력해서 일을 하는 것은 각자의 창의성을 높이고 결과에 대한 성취도를 높이는 데에도 큰 작용을 한다. 〈뉴욕 타임스〉와 〈워싱턴 포스트〉에서 '주목할 만한 책'으로 선정된 《링컨의 우울증》을 쓴 저자 조슈아 울프 셍크Joshua Wolf Shenk는 창조성이 결코 '고독한 천재'에 의해 발현되지 않는다고 말한다. 그보다 창조성이란 '다른 사람과 깊고 의미 있는 관계를 맺을 때 그 사이에서 발생하는 어떤 힘'이라고 정의를 내린다. 사실 창조성과 타인과의 관계성에 대해서는 이미 수많은 석학들이 말했고 다양한 연구 결과에 의해서도 증명되고 있다.

더구나 성과가 더 좋다는 이야기도 있다. 2017년 보스턴 컨설팅 그룹의 연구 결과에 따르면 경영진의 구성이 다양한 회사는 그렇지 않은 회사보다 약 20%가량 수익이 높다고 한다. 또 다른 세계적 컨설팅 그룹인 맥킨지 앤드 컴퍼니 역시 성별 다양성을 인정하고 포용하는 기업이 그렇지 않은 기업에 비해 경쟁력과 수익률이 매우 좋다고 말하고 있다. 독립 비즈니스를 하는 사람들 간의 연대는 이러한 다양성에서 만큼은 최적의 구성이 아닐 수 없다. 혈연, 학연, 지연에서 완전히 탈피하고, 수많은 과거의 직업을 망라한 사람들의 연대는 서로가 가질 수 없는 관점을 교환함으로써 성과를 높이는 큰 역할을 할 수 있을 것이다.

어떤 의미에서 이러한 연대는 '우리 안의 공유경제'를 실천하는 일이라고 본다. 공유경제는 익히 알고 있듯이, 낭비되고 있는 사회적 가치를 공유라는 이름을 통해 효율을 높이고, 가격도 낮추는 것을 의미한다. 이것을 고스란히 퇴사자들의 연대에 적용해보면 어떨까? 한 사람이 가진 능력 역시 충분히 '재화'가 될 수 있다. 능력이 현실화되면 그것이 곧 수익으로 교환되기 때문이다. 그런데 누군가에게는 매우 쉬운 일이 누군가에게는 매우 어려운 일일 수도 있다.

그러니 이러한 자원들을 공유하자는 것이다. 이는 '재능 기부'와는 또 다른 의미다. 이 연대에서는 나의 능력을 대가 없이 내주는 것이 아닌 수익을 얻는 비즈니스를 함께 이뤄나가는 것이기 때문이다.

PART 4

개인의 삶을 펼치는 네트워크의 힘

능력을 쉐어하고 성과를 나눠라

독립 비즈니스를 하는 사람에게 가장 소중한 자원은 자신의 역량과 주변의 네트워크이다. 이 두 가지가 온전히 결합해야만 자신에게 걸맞은 경제적 활동을 펼쳐나갈 수 있다.

그런데 이런 인간관계조차 직장생활을 할 때와는 확연히 달라야 한다. 직장에서는 이미 그 자체로 많은 것을 지원받는다. 내가 아니어도 과거의 담당자와 일했던 외부인이 있고, 관계에 따라서는 내가 갑의 위치에 있을 수도 있다. 거기다가 내가 힘들여 커뮤니티를 만들 필요도 없다.

하지만 이제 나 스스로가 하나의 회사가 되려면 네트워킹의 기술도 달라져야 한다. 나의 능력은 이 네트워크 속에서 비로소 피어난다는 생각으로 사람을 대하는 태도와 방법을 알아보자.

지인을 '사업 파트너'로 만드는 빌드-업의 위력

×

미팅 후의 10~20분을 활용하라

독립적으로 혼자서 일을 한다고 하면 '인맥을 쌓으라'는 조언을 많이 한다. 그런데 인맥에 대해 흔히들 오해하는 부분이 있다. '많은 인맥', '넓은 인맥'이 좋다고는 하지만, 중요한 것은 그들의 존재 자체가 아니라 그들과 어떤 방식으로 관계를 맺고 서로가 일의 구조 속으로 함께 들어가느냐이다. 나는 이러한 과정을 '빌드-업build up'이라고 생각한다. '빌드build'라는 말은 알다시피 '짓고, 건설하고, 창조하는' 과정이다. 자신에게 아무리 많은 자원이 주어졌다고 하더라도 그것을 쌓고 짓고 건설하는 과정을 거치지 않으면 소용이 없다. 그런 점에서 사회생활에서의 빌드-업이란 이제껏 유지되던 관계의 수준을 더 높여 뭔가 새로운 것을 창조하는 것을 의미한다.

건물을 짓기 위해 땅을 팠으면 기초 공사를 해야 하고, 뼈대를 더 높여 외장 공사를 단계적으로 진행해야 한다. 성과라는 결과물을 위해서도 이러한 각각의 절차를 거치고 그 속도를 빠르게 올리는 빌드-업의 과정은 필수다. 그러니 내 핸드폰에 저장된 사람들의 전화번호가 중요한 것이 아니라 그들과의 '빌드-업'이 더 시급하고 결정적인 일이다.

짧은 기록이 갖는 위력

보통 비즈니스는 대화를 통해서 진전된다고 생각한다. 만나서 대화하는 과정에서 서로의 역할도 정해지고, 일정이 정해진다고 말이다. 그래서 대화 자체를 빌드-업시키는 데 있어 매우 중요한 단계라고 생각하곤 한다. 하지만 안타깝게도 이런 대화는 그저 대화일 뿐이다. 아무것도 정해진 것은 없고, 실질적인 결과물도 없다. 그저 입에서 나온 음성들이 오갔을 뿐이다.

보통 카페에서 미팅이 끝나면 대부분의 사람들이 함께 카페를 걸어 나온 후 인사를 하고 그냥 헤어진다. 하지만 이렇게 하지 않고 카페에서 10~20분 더 머무르며 그날의 대화를 구체적으로 기록해보자. 이 10~20분이 가져오는 차이는 어마어마하게 크다. 예를 들어 각각의 카테고리별로 다음과 같이 정리를 해보는 것이다.

• 현재 상대방에게 비어 있는 부분 또는 부족한 것은 무엇인가?

• 나의 인프라나 능력을 통해 상대방의 부족한 부분을 어떻게 채워주어야 하나?

• 그것을 채워주었을 때 서로 어떤 가치 있는 결과를 만들 수 있을까?

상대방의 부족한 부분을 채운다는 것은 무형의 펀딩이다. 그런데 무턱대고 펀딩을 하는 사람은 없다. 상대방이 어떤 콘텐츠를 가지고 있는지를 알아야 한다. 이런 파악이 끝난 후에 본격적인 펀딩이 가능하다. 그리고 펀딩의 특징은 한쪽만 수혜를 입지는 않는다는 점이다. 즉, 기브앤테이크를 하는 과정이다. 따라서 상대방이 봤을 때도 내가 채워주는 것이 쉽게 구하거나 확보할 수 없는 자원이 되어야 하고, 나 역시 상대방에게서 무엇을 얻을 수 있을지를 동시에 생각해야 한다. 이러한 판단은 꼭 미팅이 끝난 다음에 해야 할 필요는 없으며 대화 중간에라도 이런 부분에 대해 알게 되면 즉석에서라도 상대방에게 무엇인가를 제안할 수가 있어야 한다.

실제 나에게도 이런 일이 있었다. 한 모임에서 사회활동이 매우 왕성한 중년의 남성 분을 알게 됐다. 뛰어난 언변과 활동력으로 사업성을 창출하는 데에는 탁월한 재주가 있으신 분이었다. 그분과 다소 가까워지면서 만남이 있었는데, 한번은 그분이 먼저 카페에 오셔서 노트북으로 작업하는 모습을 보게 됐다. 노트북은 얼마나 오래되었는지 그냥 지금 바로 쓰레기통에 넣어도 될 정도로 낡았고, PPT 다루는 속도가 너무 느려 목디스크가 걸릴 것만 같았다. 활동력은 강하지만, 그것을 뒷받침할 만한 데이터를 만드는 일에 무척 힘들어하셨다. 바로 이런 것이 그분의 '비어 있는 부분'이다. 나는 미팅이 다 끝난 후 "아까 하시던 PPT 작업, 제가 대신해드릴까요?"라고 제안했고 그분은 흔쾌히 내게 맡겨주었다. 헤어진 뒤 곧바로 작업에 착수해 몇 시간 만에 완성된 파일을 이메일로 보내자 그분은 "천군만마를 만난 것 같아 속이 시원하다."며 고마워했다.

장수와 군인, 그리고 말들은 함께 전진한다. 나는 그분의 군인과 말이 되어 관계의 속도를 높였고, 이후 그분이 하는 다양한 일에 참여할 수 있게 됐다. 상대방의 부족함과 내가 할 수 있는 것을 매칭시키면 나보다 더 뛰어난 사람들의 군사와 말이 될 수 있다. 그때부터 할 일은 이제 적절하게 일을 배분받고, 이익을 얻으면 된다. 물론 이런 일은 내가 먼저 제안하지 않아도 된다. 어차피 장수가 모든 것을 다 할 수는 없는 법. 그저 주변에 서 있기만 해도 해야 할 일과 뛰어가야 할 방향은 알아서 내려온다.

일을 먼저 만드는 법

이런 일이 가능했던 이유는 바로 '상대방의 비어 있는 부분'을 파악했고, 그것을 내 능력 안에서 어떻게 해결해줄 수 있는지를 고민했기 때문이다. 또 이렇게 내가 먼저 도움을 주는 행위는 '일을 내가 먼저 만드는 것'이기도 하다. 상대방이 나에게 언제 일을 줄지 하염없이 핸드폰만 쳐다보면서 기다릴 수는 없다. 이렇게 먼저 일을 만들기 시작하면, 둘의 관계는 이제 만나서 대화하는 관계를 넘어서 '함께 일을 하는 파트너'가 되기 시작한다.

그러려면 '상대방에게 이슈가 되는 일'도 반드시 알아야 한다. 이는 보다 깊은 관계를 만들어나가는 데에 큰 도움을 준다. 예를 들어 지인이 창업 준비를 한다고 해보자. 그와 만난 자리에서 투자를 받기 위한 투자제안서를 기관에 제출했다는 이야기를 나눈 이후 헤어졌다. 한동안 만나지 않게 되면 그가 '투자를 위한 서류를 냈다'라는 디테일은 잊어버리고 '창업을 한다'는 큰 줄기만 기억하게 마련이다. 그래서 다시 만나서 대화를 하게 되면 "창업 준비는 잘 되어 가십니까?"라며 두루뭉술하게 질문을 하게 된다. 하지만 만약 당시 상대방의 상황을 기록해놓고 그 파일을 다시 본 후 그 사람을 만났다면 "그때 투자 서류 내신 건 어떻게 됐어요?"라고 아주 구체적으로 물어볼 수 있다. 이렇게 하면 상대방은 세세한 부분까지 일일이 기억해주는 당신에게 호감을 갖게 된다. 입장을 바꿔 생각해보자. 누군가가 당신에게 관심을 갖고 디테일한 부분을 기억하고 있으며 그것의 추이에도 신경을 쓴다면 당신은 상대방에 대해 어떤 감정이 들겠는가. 그렇지 않은 경우보다 훨씬 상대에게 마음을 문을 더 빨리 열 수 있게 된다.

빌드-업은 상대방의 마음속에 '나의 공간'을 만들어내 안착하는 것이고, 상대방이 진행하는 일에 '내가 연결되는 고리'를 만드는 일이다. 사람도 많이 만나고 대화도 많이 하는데 별 실속이 없는 사람들은 바로 이런 빌드-업의 과정을 소홀히 한 경우가 대부분이다. 빌드-업의 기술은 곧 혼자서 생존하는 독자적인 생존의 능력임을 꼭 기억해야 할 것이다.

자가 KPI로 스스로를 점검한다

직장인이라면 누구나 KPIKey Performance Indicator라는 용어를 알 것이다. '핵심성과지표'를 의미하는 KPI는 보통 회사에서 실적을 평가하기 위한 채점표로, 승진과 연봉을 결정하는 기준으로 쓰인다. 그러나 직장생활을 할 때뿐만 아니라 혼자 일을 할 때에도 이것을 꾸준하게 작성하고 자신의 성과를 확인해볼 필요가 있다. 다만 회사에서 쓰는 KPI는 상사의 시각에서 평가하는 개념이 강하므로 꼭 동일한 항목을 사용할 필요는 없고 자신의 처지에 맞는 KPI를 스스로 독자 개발해도 된다. 예를 들면 다음과 같은 평가 항목을 통해 매달 자신의 상황을 점검해볼 수 있다.

- 신규 프로젝트 수주
- 업무 마감 달성도
- 업무에 대한 거래처의 평가 정도(상, 중, 하)
- 수금 및 미수금 현황
- 새로운 모임 참석 및 인적 네트워크 확장 정도
- 장기 프로젝트의 현재 진행 상황

이 정도의 평가 항목만 스스로 가지고 있다고 해도 자신의 성장과 발전의 정도는 충분히 점검해볼 수 있다.

매 순간이 프레젠테이션이다

×

나도 나를 모르는데 무슨 일이 진행될까?

회사가 가진 매우 독특한 기능 중의 하나는, 바로 회사가 당신을 '설명'해준다는 점이다. 예를 들어 당신이 누군가를 처음 만났을 때 "저는 삼성에서 영업과 관련된 일을 했습니다."라는 말을 한다면, 그 자체가 당신에 대한 개략적인 설명이 된다. 당신의 사회적 위치, 전문 분야, 대략의 연봉 등 짝 감이 잡힌다. 그런데 회사를 나오게 되면, 바로 이러한 기능이 완전히 상실된다. 당신은 그냥 '홍길동' 이라는 사람에 불과하다. 물론 스스로 명함을 만들어 다니겠지만, 처음 듣는 이름의 회사에다 무슨 일을 하는지도 모른다. 당신이 언제든 자신에 대해 프레젠테이션 할 수 있는 능력을 갖춰야 하는 이유는 바로 이 때문이다. 상대가 당신을 모르면 당신과 함께 무슨 일을 도모해야 할지도 모른다. 연애에서는 서로를 천천히 알아가도 되고 또 그것 자체가 재미지만, 사업의 세계에서 천천히 알아가는 것은 수익 창출의 기회가 점점 더 미뤄진다는 것을 의미한다.

'믿을 수 있는 사람'이 아닌 '머리에 떠오르는 사람'

사업을 하는 사람들에게 "살면서 제일 중요한 것이 뭐라고 생각하십니까?"라고 물어보면 대다수가 '신뢰'라고 답한다. 서로 신뢰가 있어야 일을 맡기고, 장기간 거래하면서 함께 비즈니스를 해나갈 수 있기 때문이다. 어느 한순간 이 신뢰가 깨지면 비즈니스도 더 이상 진전이 되지 못한다. 물론 이 정도쯤이야 퇴사를 꿈꾸는 많이 분들이 알고 있는 내용일 것이다. 그래서 평소에 '신뢰성 있는 사람'이라는 이야기를 좀 들었다면 자신이 구상하는 비즈니스에 나름의 자신감을 가질 수 있다. 하지만 정말 이렇게 신뢰성이 있는 사람이라면 많은 일을 하고 자신의 인맥을 넓혀갈 수 있을까? 여기에서 하나 빼먹은 것이 있다.

회사에서도 그렇지만, 어떤 문제를 해결하기 위해서 회의를 하다 보면 '거기에 꼭 맞는 사람'을 찾는 경우가 많다. "이 문제를 해결해 줄 수 있는 사람이 누가 있지?"라고 질문했을 때, "아, 맞어. 그 사람이 있었지!" 하는 경우가 흔하다. 일단 누군가의 머리에 떠올라야만 당신에게 콜을 하고, 그 일에 참여할 수 있게 된다. 그런데 아무리 믿음직하고 신뢰할 수 있어도 정작 일을 하는 데 있어서 당신이 떠오르지 않는다면? 그렇다. 당신의 비즈니스는 확장되지를 못한다. 그래서 '신뢰할 수 있는 사람'을 그저 '약속을 잘 지키는 사람'이라고 정의해서는 안 된다. 그것은 '약속을 잘 지키면서도 머리에 떠오르는 사람'이라고 봐야 한다.

이렇게 머리에 떠오르게 하는 유일한 방법은 바로 자신을 끊임없이 홍보하는 것이다. 즉, 자신에 대한 프레젠테이션에 매우 능숙해야 한다. 그런데 사람들이 모이는 장소에 따라서 이 홍보의 시간이 달라진다는 사실도 염두에 두어야 한다. 비교적 소규모 모임에서는 자신에 대해서 말할 시간이 많지만, 때에 따라서는 자신의 발언권이 제한된 경우가 많다. 그래서 '1분짜리 자기소개', '5분짜리 자기소개', '10분짜리 자기소개'를 모두 준비해야 한다. 기회가 왔을 때 단 한순간도 주저함 없이 자신에 대해 제한된 시간 안에 줄줄 말할 수 있을 정도가 되어야 한다.

성분 분석과 브랜드

모임에서 자신을 홍보하는 데 있어서 매우 중요한 또 한 가지가 있다. 그것은 바로 그곳에 모이는 사람들에 대한 '성분 분석'과 여기에 기초해서 자신이 어떤 '브랜드'가 될 것인지를 결정하는 일이다. 우선 '성분 분석'이란 그 모임의 성격, 그리고 그곳에 모이는 사람들의 성향과 관심사에 대한 분석을 의미한다. 사람에게 성분 분석이란 표현을 쓰는 게 상대방을 대상화하는 것 같아 조금 불편할 수 있지만 나는 객관적인 입장에서 상대방을 바라보자는 의미에서 이 말을 자주 쓴다.

예를 들어 오늘 내가 참여할 모임의 사람들이 소규모 장사를 하는 사람들이라고 가정해보자. 기본적으로 그들의 관심사는 '지금과 같이 어려울 때 어떻게 하면 장사가 잘될까?'일 것이다. 또 그런 사람들이 다수를 이루는 모임이라면, 대개 이야기는 그쪽으로 기울어질 가능성이 크다. 이럴 때 만약 자신이 과거 유통 분야에서 일했던 경험이 있다면, 이 경험을 중심으로 자기소개를 해야 더욱 상대방에게 잘 먹힐 수 있다. 즉, 장사와 매우 밀접한 유통 분야의 경력을 강조함으로써 상대방의 관심을 끌어낼 수 있다. 이런 모임에서 자신은 '유통 전문가'라는 브랜드로 직진하면 된다. 브랜드가 된다는 것은 '쉽게 기억할 수 있다'는 말과 동의어이다. 애초에 브랜드의 목적 자체가 사람들의 인식에 깊숙이 파고들고자 하는 것이 아니던가? 예를 들어 누군가가 '명품 패션 브랜드'라고 하면 무엇이 떠오르는가? '고급 외제 차'라고 하면 무엇이 떠오르는가. 이렇게 즉각적으로 떠오르는 것이 바로 인상이 강하고 충성도가 높은 브랜드다. 이렇게 자신을 브랜드화하는 것은 앞에서 이야기했던 '머리에 잘 떠오르는 사람'이 되기 위함임은 두말할 필요가 없다.

회사에 다니지 않는다는 것은 이제 당신 스스로가 회사가 된다는 의미다. 자신의 전화번호는 회사의 대표번호가 되고, 자신의 캘린더는 회사의 프로젝트 일정표다. 회사로 창업을 하면 끊임없이 자신을 알려야 한다. 안으로는 기술을 닦고, 겉으로는 그 기술을 써먹어줄 소비자와 거래처를 찾아야 한다. 손으로 옆구리를 쿡, 하고 찌르기만 해도 준비된 자기 프레젠테이션이 나와야 하고, 모임의 성격과 사람들의 성분을 분석해 최적화된 자기 브랜드를 엣지 있게 보여주어야 한다. 이렇게 될 때 비로소 당신은 '아, 맞다. 그 사람이 있었지!'라는 말의 주인공이 될 수 있을 것이다.

키맨을 터치하는 능력

×

용기, 그리고 자기 포지셔닝의 구축

퇴사 이후의 독립 비즈니스를 만들어나가는 과정에서 가장 핵심은 '사람'이라고 해도 무방하다. 하지만 여기에서 생각해볼 것이 있다. 문제는 사람을 '많이' 안다고 성공할 가능성이 높아지지는 않는다는 점이다. 그래서 중요한 것이 일명 '키맨key man'이다. 해당 분야에서도 자신만의 핵심적인 정보, 그리고 자원을 가동할 수 있는 인물이 있어야만 무언가 판도를 움직일 수 있으며, 내가 들어갈 만한 틈새를 찾아낼 수 있다. 거기다가 일반인들은 모르는 섬세한 지식까지 갖추고 있으니 결국 우리는 키맨을 중심으로 하는 핵심적 인맥을 구축해야 한다. 그런데 이렇게 하기 위해서는 두 가지가 필요하다. 키맨에게 과감하게 접근할 수 있는 용기, 그리고 그런 키맨과의 소통을 가능하게 만드는 자기 포지셔닝의 구축이다.

인맥의 숲에서 키맨을 찾아라

주변에 각 분야의 많은 키맨이 있으면 그보다 좋은 인맥은 없을 것이다. 하지만 사회경력이 짧을수록, 다양한 키맨을 옆에 두기란 쉽지 않다. 그래서 주변의 많은 친구, 동료, 선배의 인맥을 타고 들어가 키맨들을 발굴해나가야 한다. 마치 숲에서 보석을 찾듯, 그들이 알고 있는 인맥을 하나하나 탐색하면서 자신에게 꼭 맞는 키맨을 찾아내야만 한다. 이렇게 하기 위해서는 우선 다양한 사람들과 지속적으로 연락할 수 있는 자신의 포지셔닝을 만들어야 한다. 전화번호만 누르면 연락처 목록의 누구와도 통화할 수 있지만, 그 전화를 대하는 상대가 호의적이어야 한다는 점에서 이러한 포지셔닝이 필요하다.

예를 들어 보자. 아마 아주 오랜만에 친구나 지인의 연락을 받은 적이 있을 것이다. 전화 한 통 하지 않은 지 3년, 5년이 지났는데 뜬금없이 연락이 온다. 물론 이때 반가운 마음이 들기도 하지만, 한편으로는 부담스럽기도 하다. 휴대폰에 뜨는 전화번호를 보는 순간, 이런 생각이 들 수도 있다.

"술 한잔 사달라고 하면 차라리 다행인데, 보험 들라고 하면 어떡하지?"

"다단계라면 무척 곤란한데… 어떻게 거절해야 할까?"

자신에게 필요한 키맨을 찾겠다고 이런 방식으로 연락을 하게 되면 상대방은 약간의 불편함을 느낄 수가 있다. 흔히 아무런 준비 없이 퇴사를 한 사람들의 주변에서 점점 사람들이 떨어져 나가는 모습을 많이 본다. 이때 '세상인심 참으로 야박하다'고 그 사람들을 탓할 것이 아니라 그 사람들이 떨어지지 않도록 묶어두지 못한 자신에게 문제가 있음을 알아야 한다. 그래서 키맨을 찾기 전에 키맨을 감추고 있는 다양한 사람들과의 지속적인 연락, 그리고 서로 도움을 주고받을 수 있는 기반을 만들어야 한다. 바로 이것이 '지속적인 연락이 가능한 포지셔닝'이다.

다만 이러한 포지셔닝이라는 것이 자주 연락만 한다고 알아서 만들어지지는 않는다. 현재 자신이 어떤 일을 진행하고 있는지, 어느 정도의 성과를 만들고 있는지 상대방에게 꾸준하게 알릴 필요가 있다. 그래야 상대방도 당신에 대한 관심과 성의를 가질 수 있고, 또 자신이 알고 있는 키맨을 소개시켜주어도 최소한 욕은 먹지 않겠다는 확신을 가질 수 있게 된다. 세상에는 억울한 일이 많지만, 그중에서도 가장 억울한 일이 '사람 소개시켜주고 욕먹는 일'이다. 그래서 상대방은 사람을 소개시켜주기 전에 다소 검증을 하려고 할 것이며, 이런 과정을 통해 오랜 시간 동안 친밀하게 관계를 쌓아왔다면, 그리 어렵지 않게 키맨을 만날 수 있게 된다.

가장 필요한 것은 용기다

이렇게 주변 인물을 통해서 키맨을 찾을 수도 있지만, 키맨에게 직접 연락을 하는 방법도 있다. 내가 아는 한 기획자가 있다. 그는 수많은 키맨들과 관계를 맺어왔는데 그들에게 도움을 주고 때론 도움을 받으며 자신의 독립 비즈니스를 확대해 나가고 있다. 한번은 어떻게 그렇게 대단한 인맥을 쌓았냐고 물어본 적이 있다. 그의 대답은 간단명료했다.

"그렇게 어렵지 않아요. 먼저 연락처를 알아야겠죠. 그 다음에는 첫째, 핸드폰을 꺼낸다. 둘째, 전화번호를 누른다. 셋째, 통화를 한다. 뭐가 어려워요?"

많이 해본 사람이야 쉬운 일이겠지만, 안 해본 사람에게는 결코 쉽지 않은 일이다. 그러나 중요한 것은 바로 용기 있는 태도이다. 자신에게 정말 필요하고, 또 간절하다면, 거절에 대한 두려움으로 애초에 시도를 하지 않는 것보다는 훨씬 더 낫다. 일의 목적을 합리적으로 설명하고 서로 윈윈할 수 있는 방법을 알려준다면, 일방적으로 거절당할 확률은 훨씬 떨어진다.

세계 최고의 투자가로 알려진 워런 버핏Warren Buffett은 그의 스승 벤자민 그레이엄Benjamin Graham을 스스로 선택했다. 벤자민 그레이엄의 책에서 영감을 받은 워런 버핏은 생면부지의 그에게 한 통의 편지를 썼고, 그것이 인연이 되어 스승과 제자의 관계를 맺었다. 우리나라 새마을 운동을 이끌었던 류태영 박사도 농업 기술에 대해 배우고 싶어 당시 농업 선진국이었던 덴마크의 국왕에게 한 통의 편지를 썼다. 그는 주소도 몰라서 그저 '프레드릭 9세 임금님, 코펜하겐, 덴마크'로 썼을 뿐이었다. 그러나 이 편지는 우여곡절 끝에 국왕에게 전달되었고 류 박사는 덴마크 정부의 초청으로 유학까지 할 수 있게 됐다. 우리가 아는 유명인이라고 하더라도 의외로 만남이 어렵지 않은 경우를 종종 본다. 가장 중요한 용기를 내기가 어려울 뿐이다.

성공 이전에 자신의 매력부터

×

리더십의 오리진, 당신의 매력

'매력 자본'이라는 말이 있다. 매력의 사전적인 정의는 '사람의 마음을 사로잡아 끄는 힘'이다. 그런데 여기에 '자본'이라는 말이 결합되면서 성공의 한 요인으로 인식되기에 이르렀다. 이 매력 자본은 타인을 끌어당기는 힘이기도 하고, 리더십의 한 부분이기도 하다. 이제 독립적으로 사업을 시작하려는 사람들에게 이 매력 자본이 필요한 이유는 매우 명확하다. 퇴사를 했다는 것은 이제 스스로 리더가 된다는 말이다. 인생의 주체적인 리더가 됨은 물론이고, 주변인들의 리더가 되어 그들과 합심해서 일을 한다는 의미이기도 하다. 이렇게 하기 위해서는 자신만의 매력을 반드시 갖추어야 한다. 사람을 좇는 것이 아니라 사람들이 알아서 따라오는 사람, 돈을 따라가는 것이 아니라 돈이 따라오게 만드는 사람이 바로 이러한 매력 자본을 갖춘 사람이다.

매력이 가져오는 많은 장점들

크리스틴 라가르드Christine Lagarde라는 프랑스 여성이 있다. 2020년에 64살이 된 이 여성은 프랑스에서 제일 잘나가는 여성 중 한 명이다. 프랑스 산업통상부 장관, 프랑스 농업부 장관, 프랑스 재무부 장관, 국제통화기금 IMF 총재를 거친 후 유럽중앙은행ECB 총재로 지명됐다. 2012년 미국 〈타임〉이 선정한 '세계에서 가장 영향력 있는 100인' 중 한 명이기도 하다. IMF 총재도 여성으로서는 최초였고, ECB 총재도 여성으로서는 최초다. 이 정도면 가히 세계 여성 역사에 한 획을 그을 만한 인물이다. 이런 그녀가 한 말 중에 이해가 되면서도 왠지 반감이 가는 말 하나가 있다. 바로 이 말이다.

"몸매 유지가 충분히 잠을 자는 것보다 중요합니다."

그녀는 남들이 잘 볼 수 있게 보석으로 치장하고 우아하게 옷을 입는다. 그녀는 '이 모든 것이 매우 중요하다'고 말한다. 몸매와 외모, 그리고 보석이 자신의 성공에 적지 않은 영향을 미치고 있음을 강조한 것이다. 물론 그녀의 말에 선뜻 동의하지 않을 수도 있다. 독일 최초의 여성 총리인 앙겔라 메르켈Angela Merkel은 그닥 몸매가 좋지도 않고 화려한 보석으로 자신을 장식하지도 않는다. 하지만 그녀 역시 2015년 〈타임〉의 '올해의 인물'에 선정되었고 〈포브스〉에서 4년 연속이나 '세계에서 가장 영향력 있는 여성 1위'로 선정되기도 했다.

크리스틴 라가르드와 앙겔라 메르켈. 전혀 반대의 성향을 가진 여성들처럼 보이지만, 중요한 것은 그들은 모두 어떤 의미에서든 '매력'을 지니고 있다는 점이다. 매력이라는 것을 단지 외모로만 한정해서 볼 필요는 없지만, 그렇다고 외모를 완전히 무시하기도 힘든 것이 현실이다. 다만 자신에게 맞는 방법으로 자신만의 매력을 드러내 보이면 된다.

《매력 자본》이라는 책을 쓴 캐서린 하킴Catherine Hakim 영국 런던 정책연구센터 시니어 리서치 펠로는 매력에 대해 색다르게 정의한다. 그것은 단지 아름다운 외모뿐만 아니라 자기표현의 기술, 그리고 사회적인 스킬을 의미한다고 말한다.

한 국가의 총리, 유럽중앙은행의 총재라는 대단한 사람들의 이야기라고 나와 동떨어진 이야기가 아니다. 우리는 각자 삶의 영역에서 주변 사람들과 다양한 관계를 맺고 있다. 그러므로 우리 역시 일상의 수준에서 자신의 매력에 대한 연구를 해볼 필요가 있다. 실제로 많은 일들을 하다 보면 사업성이나 능력보다는 매력에 의해서 더 끌리는 사람이 있다. 반면에 아무리 사업을 잘하는 사람이라고 해도 매력이 현저하게 떨어져 왠지 같이 일을 하고 싶지 않은 사람도 있다. 이런 사람들은 기본적인 리더십의 역량도 떨어지게 마련이다. 혼자서는 일을 잘해도 주변에 사람이 없어서 늘 고생하는 사람들이 바로 이런 경우다.

세상이 바뀌면서 매력이 중요해졌다

특히 요즘 시대에 매력이 더욱 중요해진 이유는 세상이 많이 달라졌기 때문이다. 과거 먹고 살기 힘들어서 죽도록 일만 해야 하는 시대에는 매력의 중요성이 지금처럼 크지 않았다. 하지만 세상이 점점 더 부유해지고, 패러다임이 바뀌면서 오늘날 매력은 또 다른 강력한 성공의 한 요인으로 등장하고 있다.

매력은 다양한 차원에서 정의될 수 있다. 친절함이나 배려심, 시간 약속을 잘 지키는 것도 하나의 매력이다. 그러나 이런 기본적인 태도 외에도 사업적인 관계에서 매력을 갖추는 것이 더 도움이 된다. 사업적인 관계에서의 매력이라고 하니 거창하게 들리지만 쉽게 표현하면 '상대방을 대하는 방식'이라고 할 수 있다. 만약 상대방이 나에 대해서 부정적으로 느끼게 되면 매력도가 현저하게 떨어지게 되고 함께 일하고 싶은 마음의 문이 닫힐 수 있다.

그런 일을 방지하기 위해서 첫 번째로는 '상대방을 소비하는 사람'이 되지 말아야 한다. 함께 일하다 보면 왠지 자꾸 내가 소비되고 있다는 느낌을 주는 사람이 있다. 뭔가 자꾸 이용만 당하는 것

같고, 정작 내가 원하는 것은 외면받고 있다는 느낌이 들기도 한다. 이런 경우라면 상대방이 아무리 많은 것을 가지고 있다고 하더라도 함께하고 싶지가 않다. 상대방에게 '당신과 함께하게 되어 기쁩니다'를 알려주는 것도 관계에서의 매력이 될 수 있다.

두 번째로는 '부정적인 기운을 내뿜는 사람'이 되어서는 안 된다. 사람의 기운은 함께 만나는 사람에게도 영향을 미친다. 그렇지 않아도 힘이 든 상황에서 매사를 부정적으로 보는 사람을 만나면 어떨까. 어깨에 힘이 쭉쭉 빠지고 마음이 힘들어진다. 그래서 내가 힘들 때에는 과도할 정도로 오버하고 긍정적인 사람을 만나는 것이 차라리 도움이 된다. 타인에게 부정적인 기운을 드러내면 나의 매력은 떨어질 수밖에 없다.

세 번째로는 '사심이 없는 사람'이 되어야 한다. 대화를 하다 보면 매사에 계산적이고 늘 자신의 욕망을 불어넣는 사람이 있다. 함께 일을 하자고 하면 자신이 얻을 이익부터 계산하고 손익을 따지는 사람이다. 이것 역시 사람을 피곤하게 만들고, 매력 없는 사람으로 보이게 만든다. 우리가 살면서 따져야만 하는 것이 꼭 이해득실만 있는 것은 아니다. 이런 사람이라면 왠지 품격도 없어 보인다.

마지막으로는 상대방의 문제에 솔루션을 제공해주려는 마음 자세를 갖는 것이다. 사람과 사람이 만나는 것은 먹고 마시고 웃고 떠들기 위한 것만은 아니다. 한두 번의 그런 만남도 의미가 있겠지만, 이러한 연결 고리만으로는 길고 깊은 관계를 맺기는 힘들다. 물론 내 문제에서도 솔루션을 찾지 못한 상태에서 어떻게 상대방의 문제까지 해결해주겠냐고 생각할 수도 있다. 하지만 상대방은 쾌도난마의 엄청난 솔루션을 원하는 것이 아니다. 함께 고민을 들어주고 해결을 위해서 내 일처럼 진심을 다하는 태도, 이것만으로도 충분히 매력적인 사람으로 변신할 수 있다.

나는 매력을 '리더십의 오리진(기원)'이라고 생각한다. 단순한 인간관계든 사업적 관계에서든 마찬가지다. 매력적이지 않은 사람은 자기 관리 능력도 부족하고, 그래서 타인을 자신의 편으로 끌어당기지 못한다. 우리가 사업의 성공보다 나 자신의 매력부터 생각해야 하는 이유는 바로 이 때문이기도 하다.

일, '열심히만' 하면 되는 것일까?

×

전진의 궤도를 감안하라

직장에서 열심히 일해온 사람이라면, 이제 자신의 독립 비즈니스에서도 열심히 일할 준비가 충분히 된 사람이다. 그런데 여기서 우리가 한 가지 생각해봐야 할 것이 있다. 회사에서는 열심히만 일하면 충분했지만, 홀로 세상에 나와서도 '열심히만' 하면 되는 것일까?

회사에서는 이미 존재하는 시장에서 이미 정해진 프로젝트를 하게 되고, 여기에 예산과 인력이 지원된다. 따라서 일개 직원 혼자 뭔가를 처음부터 끝까지 만들어낼 일이 없다. 이미 메이킹된 일에 자신의 열정과 노하우를 담아서 일을 하면 그만이다. 하지만 회사를 나와서는 이제 모든 것을 스스로 메이킹해야 한다. 무슨 일을, 어떻게, 누구와, 언제까지 할지 모든 것을 스스로 결정하고 판단해야 한다. 바로 이것이 퇴사 이후에 일을 '열심히만' 해서는 안 되는 이유다. 따라서 우리는 '일을 한다는 것'과 '일이 되게 만드는 것'의 차이를 알아야 한다.

일, '그냥' 하는 것과 '되게 만드는' 것의 차이

일을 그냥 하는 것과 일이 되게 만드는 것이 어떻게 다른지 간단한 사례로 알아보자.

한번은 각 공공 기관의 협조가 필요한 일이 있었다. 그래서 함께 일하는 사람에게 '공공 기관을 컨택해보자'라는 이야기를 했고, 이를 위한 공문도 모두 만들었다. 이후 나는 일이 잘 진행되는 줄 알고 신경을 쓰지 않다가 어느 날 생각이 나 확인차 진행 상황을 물어보았다. 그런데 돌아온 그의 대답은 '팩스를 보냈는데 아직 답변들이 오지 않았다'였다.

이 상황에서 그는 일을 한 것일까? 하지 않은 것일까? 그는 분명히 일을 열심히 했다. 공공 기관의 명단을 찾기 위해 많은 시간을 리서치에 썼을 것이고, 또 일일이 팩스 번호를 찾아 열심히 보냈을 것이다. 하지만 아직 팩스에 대한 답변이 오지 않았으니 일이 완성되지는 않았다. 즉, 그는 일을 했지만, 일은 되지 않았고, '되게 만들지도' 않았다. 그의 대답을 들은 후 나는 직접 전화를 걸어 담당자를 확인하고 팩스의 접수 여부를 확인하고 그에 대한 답변을 달라는 통화를 했다. 바로 이렇게 직접 통화를 하는 것은 그 자체로 일이기도 하지만, '일을 되게 만드는 것'이다. 이 둘 사이에는 큰 차이가 있다. 아무리 열심히 일을 해도 일을 되게 만들지 않으면 소용이 없다. 일을 되게 한다는 것은 목표한 바를 향해 전진하는 동력이다. 힘이 가해져야 목표를 향해 굴러간다. 그런 점에서 '지금 내가 하는 일이 목표를 향해 굴러가게 만드는 일인가?'를 계속 되돌아봐야 한다.

또 다른 한 가지 사례가 있다. 어느 일식집에 사장과 아르바이트가 함께 일을 하고 있었다. 이 집에서 가장 비싼 메뉴는 5만 원짜리 회 세트 메뉴였다. 사장은 늘 '5만 원짜리가 많이 팔렸으면' 하는 마음을 가지고 있다. 그래야 같은 노동을 해도 더 많은 돈을 벌 수 있기 때문이다. 아르바이트에게도 늘 이런 말을 했다. "야, 오늘은 5만 원짜리 딱 세 개만 팔리면 소원이 없겠다!"라고 말이다. 아르바이트도 같은 심정이라 급기야 손님들에게 5만 원짜리 메뉴가 얼마나 가성비 있는지를 열심히 설명하기도 했다. 하지만 손님들은 비싼 가격이라고 생각했는지 그 메뉴를 거의 선택하지 않았다. 하지만 그럼에도 그 모습을 본 사장은 마음 한편으로 아르바이트생을 매우 대견해했다. 아르바이트인데도 사장의 목표를 위해 열심히 일한다고 생각했기 때문이다.

이 경우에도 아르바이트는 열심히 일했다. 사실 손님이 무슨 메뉴를 고르든 자신에게는 아무런 도움도 되지 않는다. 수당을 받는 것도 아니고 시급이 오르는 것도 아니다. 그럼에도 그가 손님들을 설득한다는 것은 무척 대견한 일임에 틀림없다. 그러나 여기에서 다시 생각해보자. 분명 아르바이트 학생은 일을 했다. 하지만 목표는 달성되지 않았고, 되게 만들지도 않았다. 이 상황을 두고 그저 안타깝게 생각하며 그냥 넘어갈 수도 있지만, 누군가는 방법을 바꿔 일을 되게 만들 수도 있다.

일을 궤도 위에 올려놓는 법

동일한 상황에서 또 다른 아르바이트 학생은 손님을 설득하는 대신, 사장님에게 7만 원짜리 메뉴를 만들자고 제안했다. 이렇게 해놓은 후 아르바이트 학생은 7만 원짜리 회를 손님에게 권하기 시작했다. 그러자 손님들은 대부분 5만 원짜리 회 세트 메뉴를 선택했다. 그는 매우 적게 일을 했지만, 일이 되게 만들었다. 기존의 관습에서 벗어나 일이 다른 경로로 성공을 향해 도약하게 만드는 것, 바로 이것이 '일을 되게 하는 것'이라고 할 수 있다.

일을 되게 하기 위해서는 함께하는 파트너의 협력이 절대적인 경우가 있다. 그런데 관점의 차이가 있고 입장이 다른 경우가 종종 발생한다. 이럴 때 대부분 열심히 나의 관점과 입장을 설명하고 설득하려 든다. 이런 행동들이 일을 되게 만드는 것처럼 보일 수 있지만 이것 역시 그냥 일을 할 뿐, 일을 되게 만드는 행동이 아니다.

유통업계에 오래 있다 보니 고객 컴플레인을 자주 접한다. 이럴 때 어떤 직원은 열심히 회사의 정책과 규율을 설명하면서 고객을 설득하려고 한다. 물론 이렇게 하면서 그 직원은 '나는 열심히 일을 하고 있다'고 생각할 수 있다. 그러나 화가 난 고객이 '당신네 회사의 정책과 규율'에 굴복할 리 없다. 결과적으로 그 직원은 열심히 일을 했지만 일을 되게 만들지는 않았고, 오히려 고객의 감정만 더 자극하게 됐다. 이런 상황에서는 무조건 고객의 소리를 경청해야 하며, 그 불만이 해결될 수 있는 직접적인 솔루션을 제시해야 한다. 설득이 아닌, 솔루션의 제시가 바로 '일을 되게 만드는 것'이다. 일을 할 때 파트너와의 관계도 마찬가지다. 아무리 나의 관점으로 설득한다 해도 그것은 미진함을 남길 뿐이기 때문에 그보다는 상대의 불만과 입장의 차이를 좁힐 솔루션을 제공해야 한다.

마지막으로 중요한 한 가지는 '일을 궤도 위에 올려놓는 것'이다. 기차가 앞으로 전진하기 위해서는 철로 위에 일단 올라가야 한다. 일도 마찬가지다. 일이 진행될 때에는 각 단계가 존재한다. 일단 사람들을 모은 다음 관련 분야에 맞게 묶는 작업이 필요하다. 그래야 사람들이 빈 곳 없이 배치될 수 있기 때문이다. 막힌 부분이 생기면 그것을 뚫는 것도 새로운 궤도를 만들어주는 일이다. 돈이 필요한 단계라면 적절하게 돈을 넣어주어야 또 하나의 궤도가 이어진다. 이렇게 일의 진행 상황에 계속 개입하며 한 단계씩 마무리해주는 것이 바로 일을 궤도 위에 올려놓는 행위이다. 이러한 과정이 중요한 이유는 독립 사업자들은 한꺼번에 다양한 일을 하는 경우가 많기에 이러한 궤도를 신경 쓰지 않으면 일이 동력을 잃고 멈춰버리게 되기 때문이다. 따라서 각각의 일을 계속해서 반복적으로 돌아보면서 현재 일이 어느 궤도에 있는지, 다음 궤도를 만들기 위해서는 무엇을 해야 하는지를 함께 고민해야 한다.

돈에 대한 개념을 바꿔라

돈과 노동에 대한 일반적인 관점은 명백하다. 최소한 '내가 일한 만큼 돈을 벌어야 한다'이며 더 나아가 '일한 것보다 더 받을수록 좋다'이다. 따라서 당연히 최악은 '내가 일한 만큼도 돈을 벌지 못하는 상황'이 될 테다. 그런데 이제 독립 사업자를 꿈꾼다면, 돈과 노동에 대한 이러한 일반적인 관점을 해체해야 할 필요가 있다. 심지어 돈이 안 되는 일도 해야 하는 것이 바로 새로운 세계에서 필요한 관점이다.

이 말은 돈에 대해 허술한 관리를 하라는 의미는 절대 아니다. 사실 직장 생활을 하다 독립 사업자로 일을 하다 보면 '내가 벌어들이는 돈'에 대한 관점이 완전히 달라진다. 예를 들어 회사에서 월급을 받을 때는 '매출에 대비해서 내가 얼마나 돈을 벌고 있는가'로 생각하지 않는다. 회사야 돈을 많이 벌든, 적게 벌든 나의 월급은 일정하기 때문이다. 회사의 영업비용이 얼마인지 나와는 아무런 관련이 없다.

하지만 스스로 사업을 할 때에는 전체 매출에서 영업비는 얼마인지를 확인해야만 하고 그 결과에 따라서 매출을 늘리거나 영업비를 줄이는 등의 계획을 세워나가야 한다. 어떤 면에서 보면 회사를 다닐 때보다 돈을 벌어들이고 쓰는 과정에 더 엄격해지지 않으면 안 된다. 따라서 매달 수입과 지출을 체크해서 무엇을 보강해야 하는지, 또 어떤 방향으로 수익 관리를 해야 하는지를 엑셀을 통해 일일이 관리할 필요가 있다.

중요한 것은 바로 '균형'이다. 때로는 자신이 일한 것에 따라 단기적인 수익이 나지 않아도 과감하게 미래에 투자한다는 생각으로 여유를 가지는 한편, 또 다른 면에서는 자신의 수익 구조를 철저하게 파악해서 좀 더 체계적인 관리를 해야 한다.

필요한 도움을 얻어내는 법

×

당신의 노력을 '집단의 뇌'에 녹여라

유독 다른 사람의 도움을 얻기 꺼려하는 사람이 있다. 자신은 기꺼이 다른 이를 도와주지만, 누군가의 도움이 필요할 때는 결벽증처럼 이를 거부한다. 물론 높은 자존심 때문에 그럴 수도 있고, '타인에게 폐를 끼치지 않겠다'는 생각 때문일 수도 있다. 개인적으로 볼 때 이러한 생각을 갖는 것은 성격적인 부분이라 어쩔 수 없다지만, 독립 비즈니스의 단계로 접어들 때에는 '도움을 주고받는 것'에 대한 태도도 완전히 변모시켜야 할 필요가 있다. '인간은 서로 의지하며 살아야 한다'는 오래된 금언 때문만은 아니다. 서로 도움을 주고받으면 생각했던 것 이상의 '플러스 알파'가 생겨나는 경우가 많기 때문이다.

혼자 일하는 것보다 더 나은 결과

도움에 대한 생각을 바꿔야 하는 이유는 시대적 흐름과 관련이 깊다. 자신에게 주어진 작업이 단순할 때에는 타인의 도움이 필요 없을 수도 있다. 또한 자신이 알아야 할 지식이 한정되어 있다면, 역시 혼자서 공부하며 문제를 풀어나갈 수 있다. 하지만 시대가 복잡해질수록, 지식이 넘쳐날수록 이 모든 것을 혼자서 처리한다는 것은 불가능하다. 특히 지금 많은 비즈니스 분야가 4차 산업혁명 시대의 '초연결'을 향해 달려나가고 있다. 각각의 분야 자체도 전문화되어 있을 뿐만 아니라, 그 전문화된 분야가 서로 연결이 되어야 시너지 효과가 난다.

그래서 과거를 '분업의 시대'로 보았다면, 지금은 '협업의 시대'로 불린다. 비록 현실적으로는 혼자 일하는 사람도 많고, 감정적으로 많은 사람과 엮이길 싫어하는 경우도 있지만, 협업을 하지 않고는 경제 활동을 할 수 없는 것이 지금의 시대다. 따라서 타인에게 도움을 받는 것을 자존심의 문제로 볼 것이 아니라 내가 할 수 없는 것을 하는 사람, 혹은 나보다 더 뛰어난 사람과 협업을 하는 관점으로 보는 자세가 필요하다.

실리콘밸리를 대표하는 경영 컨설턴트이자 전략 자문가인 테아 싱어 스피처Thea Singer Spitzer는 자신의 저서 《협업의 시대》에서 협업의 정의에 대해 "(자신의) 생각과 노력을 '집단의 뇌'에 녹여 혼자 일할 때보다 더 나은 결과를 낳으려는 의지와 능력"이라고 말했다. 즉, 협업이란 단순히 나의 노력과 상대의 노력을 하나로 합치는 것이 아니라 나의 노력을 타인이라는 집단의 뇌에 녹이는 것이라고 볼 수 있다. 당연히 혼자서 일할 때보다는 더 나은 결과를 얻을 확률이 크다. 가장 단순한 사례로 필요한 분야의 사람 한 명을 소개받는 경우를 생각해보자. 혼자 알고 있는 사람과 일을 하는 것과 3~4명의 지인들에게 해당 분야의 사람을 소개해달라고 말한 후 그중에서 가장 탁월한 능력을 가진 사람과 일하는 것에는 큰 차이가 있다. 누구와 함께 일하느냐가 어떤 결과를 가져오느냐와 관련이 깊다는 점에서 이것이야 말로 집단의 뇌로 녹아들어가는 과정이다.

물론 이렇게 도움을 주고받는 것을 협업의 차원으로 끌어올리기 위해서는 기브앤테이크가 필수다. 그래서 나 역시 타인에게도 계속 도움을 주려는 자세를 가져야 한다. 평소에 이렇게 다른 사람을 도와주게 되면 일종의 채권을 얻게 되는 것과 같다. 나에게 도움을 받은 사람은 무의식적으로 내게 채무의식을 갖게 되고 내가 도움이 필요할 때 언제든 함께 협업을 할 수 있도록 열린 자세를 갖게 되기 때문이다.

더군다나 꼭 이런 채무의식이 아니더라도 사람들은 기꺼이 타인을 돕고자 하는 선한 마음을 가지고 있다. 코넬대학교 심리학과 바네사 본스Vanessa Bohns 교수는 '사람들은 생각보다 훨씬 더 기꺼이 타인을 돕는다'는 사실을 실험으로 증명했다. 낯선 사람의 부탁을 수락한 사람의 비율은 도움을 요청한 사람의 예상보다 평균 48%가 더 높았다. 결국 도움을 청할 때 '저 사람은 나를 도와주지 않을 거야'라는 부정적인 생각을 할 필요는 없다. 자신의 생각보다 훨씬 더 높은 비율로 상대방은 나를 도와줄 가능성이 크다. 특히 앞의 실험은 낯선 사람을 대상으로 한 것이다. 평소에 알고 지낸 지인이라면 도와줄 가능성은 더욱 높을 수밖에 없다.

이렇게 도움을 주고받으며 협업을 하는 것은 바로 최적의 타이밍을 놓치지 않기 위함이기도 하다. 사실 세상의 많은 일들이 이 타이밍에 의해서 결정된다. 하다못해 부부싸움도 사과를 해야 하는 타이밍을 놓치면 그것이 상처로 남을 수 있다. 도움도 필요할 때 주고받아야 효율성이 극대화된다. 흔히 우리의 전통 문화인 품앗이를 '서로 힘을 합치는 것'이라고 보지만, 어떤 의미에서는 '최적의 타이밍을 놓치지 않으려는 집단행동'일 수도 있다. 농작물을 심는 시기, 거두는 시기 등은 모두 시간이 정해져 있어 때를 놓치면 한해 농사를 망칠 수도 있기 때문이다. 사업도 결국은 타이밍 싸움이다. 타인의 힘과 자원을 집중적으로 끌어들여 단시간에 작업을 끝내면 타이밍을 놓치지 않게 된다. 그런 점에서 타인에게 도움을 청하지 못해 전전긍긍하기보다는 빠른 부탁으로 타이밍을 놓치지 않는 것이 중요하다.

도움을 요청할 때 한 가지 팁이 있다면, 누군가를 만나 직접 도움을 요청할 때 훨씬 더 좋은 결과가 나온다는 점이다. 한 연구 결과에 따르면, 약 75~90%가량은 당사자가 직접 부탁할 때 도움을 주었다. 타인을 거쳐서 도움을 요청하는 것은 오히려 도움받을 가능성을 낮출 수 있다.

이제 타인에게 도움을 요청하는 일에 주저하지 말자. 그것은 상대방에게도 좋은 일이며, 나에게는 더욱 좋은 일이다. 이것은 뻔뻔해지자는 의미가 아니라 서로 도움을 주고받으며 하나가 되어 힘든 현실을 함께 개척하자는 동지애의 발로이기도 하다.

도움을 받는 저인망식 방법

도움을 받고자 할 때에는 특정한 인물에게 특정한 부탁을 하는 경우가 대부분이지만, 일명 '저인망식 도움 요청'이라는 것도 있다. 저인망이란 그물을 배에 매달아 바다 속을 끌고 다니며 수산물을 쓸어 담는 구조의 어망을 말한다. 즉, 누가 걸릴지 모르니 광범위하게 범위를 잡고 도움을 요청해 그중에 적절한 사람을 찾는 방식이다.

예를 들어 나에게 문제가 하나 있는데, 지금 만난 사람이 도움을 줄 수 있는 자원과 인맥이 있는지 없는지 나는 잘 모르는 상태라고 해보자. 비록 지인이라고 하더라도 상대방의 모든 것을 알 수 없는 법이니 말이다. 이럴 때 사용하는 것이 저인망식 도움 요청법이다. 누굴 만나든 간에 지금 내가 절실히 필요로 하는 부분에 대해 '마치 입에 모터가 달린 듯' 이야기를 해보자. 지금 현재 내가 잘되고 있는 일을 이야기해봐야 타인은 나를 도와주고 싶다는 생각을 하지 못한다. 더군다나 '잘되고 있으니 딱히 나의 도움이 필요하지도 않겠군'이라고 생각할 가능성이 높다. 따라서 지금 현재 잘 안 되는 부분, 어려움 등을 말하다 보면 상대방은 자신이 도와줄 수 있는 부분을 스스로 캐치해낸다. 이렇게 되면 자연스럽게 도움을 구할 수 있고, 상대방은 보다 자발적으로 나에게 도움을 줄 수 있게 된다.

상대방의 마음의 문을 여는 히든카드, 유머

×

또 하나의 '중요한' 능력

진지한 비즈니스의 길을 걸어가려는 당신에게 '유머 감각'에 대해 말하는 것 자체가 어쩌면 웃기는 일일 수도 있다. 유머가 우리 인생의 휴식이자 양념 같은 것이기 때문에 사업과는 큰 관련이 없다고 생각하기 때문이다. 하지만 나의 많은 경험과 전문가들의 연구 결과들은 이 유머가 사업에 얼마나 큰 역할을 하는지를 잘 보여주고 있다. 유머는 단지 상대방에게 호감을 얻는 방법으로 활용되는 데 그치지 않는다. 유머를 통해 팀원들의 감정을 다스리고, 격한 업무도 잘 견딜 수 있다. 뿐만 아니라 유머는 사업으로 생기는 스트레스라는 독소를 빼주는 역할도 한다. 그래서 유머는 사업에서 부수적인 양념 같은 존재가 아니라 꼭 필요한 소금 같은 존재이다.

나부터 즐거워야 하는 이유

나는 어렸을 때부터 유머에 단련된 사람이다. 우리 가족은 지금도 '코스비 가족(80년대 큰 인기를 얻던 미국의 시트콤-편집자)'으로 불린다. 나이 드신 어머님, 아버님을 비롯해 형제들이 모두 제각각 유머 감각을 갖추고 있다. 왜 그런지는 모르겠으나 우리 가족은 끝없이 서로를 웃기기 위해 노력해왔는데, 그러다 보니 가족들이 모두 모인 자리에서 우리의 대화를 들어본다면 마치 '웃기기 경진대회'를 하는 것처럼 느껴질 수도 있다. 이렇게 끊임없이 유머러스한 환경에 있다 보니 나 역시 사회생활에서 유머를 많이 활용하게 됐고 그것이 사업에도 어떤 역할을 하는지 관찰할 기회가 많았다.

우선 사람의 마음의 문을 여는 데에 유머만 한 것이 없다. 적재적소의 유머는 상대의 마음을 밝게 만들어주고 '이 친구 재미있네'라는 반응을 끌어낼 수 있다. 유머를 통한 긍정의 에너지는 나뿐만 아니라 주변 사람들에게도 퍼져 나가서 서로 합심하고 단결하는 계기를 만들어주기도 한다. 뿐만 아니라 유머는 늘 반복되는 일상에 지치지 않는 인내와 지속력을 가지게 해준다. 직장인들조차 매일 반복되는 일상에서 매너리즘에 빠지는 경우가 많다. 이럴 때 유머가 자신과 주변의 사람들에게 활력을 불어넣어주고, 부정적인 감정을 떨치도록 도와줄 수 있다.

유머가 그저 한번 웃고 지나가는 것이라고 생각할 수 있지만, 그것이 남기는 여운은 꽤 길다. 나의 이미지를 강렬하게 남길 수도 있고, 사람들이 나에게 무엇인가를 쉽게 제안할 수 있도록 거리를 좁혀주기도 하며 이를 통해 나는 더 많은 기회를 만들 수 있다. 김진배 한국유머센터 원장님은 자신을 소개할 때 이름의 받침을 빼고 소개한다고 한다. 그렇게 하면 '기지배'가 된다. 정말이지 한번 들으면 잊고 싶어도 잊을 수 없는 자기소개 유머다.

유머 있는 사람이 인기도 더 많다는 연구 결과도 있다. 〈미국 심리학회 연간 회의〉에 실린 연구 결과가 이를 잘 보여준다. 연구진은 대학생 남녀 각 50명을 대상으로 미팅 행사를 진행했다. 학생들은 각각 4분 정도의 시간을 들여 평균 5명에서 10명 정도의 이성을 돌아가면서 만났다. 그 결과는 유머 감각이 높을수록 매력도 점수 또한 높았다.

유머의 긍정성에 대한 최고의 명언이라면 단연 시인 엘라 휠러 윌콕스Ella Wheeler Wilcox의 〈고독〉이라는 작품을 들 수 있다. 이 시는 유머와 내적인 즐거움이 타인과의 관계에서 어떤 역할을 하는지 잘 보여주고 있다.

> 웃어라. 세상이 너와 함께 웃을 것이다. 울어라. 너 혼자만 울 것이다. (…) 기뻐하라. 사람들이 너를 찾으리라. 비통해하라. 그들은 너를 떠날 것이다. 사람들은 너의 즐거움을 원하지만, 너의 비애는 필요로 하지 않는다. 즐거워하라. 그러면 친구들이 늘어

날 것이다. 슬퍼하라. 그러면 그들을 다 잃고 말 것이다.

유머 감각에도 훈련이 필요하다

유머 감각이 사업에서 중요하다고 말하면 '나는 그런 감각이 없어 큰일이다'며 걱정부터 하는 사람도 있다. 그리고 실제로 이런 분들은 사회생활을 하면서 유머 감각이 없는 자신을 탓했던 경험을 한두 번씩은 가지고 있다.

한 가지 확실하게 말할 수 있는 것은 유머 감각 또한 훈련의 산물이라는 점이다. 실제 나 역시도 웃기는 이야기만 모아놓은 인터넷 커뮤니티를 매일 보면서 유머 감각을 기르려고 한다. 이곳에 보면 유머의 유형도 매우 다양하다. 아재개그고 있고, 패러디 유머도 있으며, 과거 유명한 인물들이 했던 유머도 있다. 이 유머가 어떤 구조로 만들어지고, 무엇을 건드렸기에 사람들에게 즐거움을 선사하는지도 늘 분석해야 한다.

또 한 가지는 이러한 유머를 훈련하는 과정에서 실패도 늘 존재하리라는 사실을 염두에 두어야 한다. '항상 빵빵 터뜨려야지'라고 생각하는 것은 오히려 부담감을 늘려 유머를 더욱 경직되게 만든다. 유머도 하나의 기술이다. 기술을 익히려면 시간도 걸리고 실수도 하게 마련이다. 특히 유머는 나 혼자서 갈고 닦을 수 있는 감각이 아니다. 계속해서 테스트를 해보아야 사람들이 웃음을 터뜨리는 지점이 어딘지를 알 수 있고, 또 사람의 성향에 따라 어떤 유머를 해야 효과적인지도 알게 된다. 한마디로 끝없는 실천과 테스트의 산물이 바로 유머 감각이다.

사업도 결국은 행복하기 위해서 하는 것이다. 행복에는 기쁨, 즐거움, 유쾌한 웃음 등이 포함된다. 이러한 목표를 향해 나가는 사람의 얼굴이 늘 딱딱하고 굳어 있고 진지하기만 하다면 이것이야말로 모순이다. 행복을 향해 가는 사업의 길, 유머와 함께 웃으며 걸어가는 것이 정답 아닐까?

PART 5

새로운 일, 그리고 그 일에 대한 에티튜드

일이 바뀌면 마인드도 바뀌어야 한다

"일은 회사에 들어와서도 배울 수 있지만, 자세와 태도는 바꿀 수 없다."

많은 인사 담당자들이 하는 말이다. 이것은 에티튜드가 얼마나 중요한지를 잘 보여준다. 회사에서는 그나마 조직과 팀이라는 울타리가 이를 보완할 수도 있지만, 회사 밖에서는 이런 울타리가 존재하지 않는다. 그래서 온전히 자신의 에티튜드에 따라 관계가 좌우되기도 한다.

에티튜드란 한마디로 '마음 사용법'이다. 기분에 따라 내 마음이 우울에 처박히게 해서는 안 되고, 간절히 원하는 것이 있다고 상대방으로부터 빼앗으려고 해서도 안 된다. 나를 보호하고 관계를 조절하는 지혜는 바로 이 마음 사용법에 달려 있다. '직장 이후의 삶'에서 가져야 할 '일에 대한 에티튜드'로는 어떤 것이 있을까?

내 안에 '감정 조절팀'을 두어야 하는 이유

×

나를 관리해 더 순조롭게 나아가는 법

회사라는 울타리에서 벗어나 과거보다 훨씬 많은 사람을 만나고, 훨씬 다양한 영역에서 활동을 하다 보면 크고 작은 트러블이 많이 생길 수밖에 없다. 권력자에게 정적이 많다는 것은 반대로 그 권력이 대단하다는 의미이기도 하다. 삼성그룹은 우리나라에서 매출 제1위의 회사이지만 그만큼 피소된 건수도 1위다. 2014년을 기준으로 삼성이 피소당한 건수는 2,300건이 넘는다. 포스코, 코오롱, 현대, 대림, 대우, 두산, 현대자동차, 금호아시아나 등도 마찬가지다. 이 모든 기업이 다 불법적이고 악의적이어서 이렇게 소송이 많다고 볼 수는 없다. 무엇인가 이해관계가 얽혀 있는 곳에서 활동하다 보면, 그로 인한 문제가 생기는 경우는 다반사다. 만약 사회생활을 하면서 소소한 다툼이나 쟁점마저 없다면, 이는 역으로 자신의 비즈니스가 잘 안 되거나 확장성이 없다는 의미일 수도 있다.

감정이 비즈니스를 흔들지 않게 하라

회사에는 문제가 생기면 도움을 줄 부서들이 존재한다. 뭔가가 잘못 알려져서 억울하다면 홍보 팀이 해결해주고, 시정해야 할 문제가 있다면 위기관리 팀이 도움을 준다. 더 나아가 법적인 문제라면 법무 팀이 나서준다. 자신의 잘못이 없다면 굳이 개인이 감정 상하고 속을 끓이고 마음 다칠 필요가 없다. 문제는 회사를 나오면서 이들 부서에서 도움을 받을 수 없게 되고, 앞으로 사회생활을 하면서 겪는 많은 상처는 오로지 자신의 몫이 된다는 점이다. 그래서 필요한 것이 내 안의 '감정 조절팀'이다. 사회에서 겪는 많은 상처를 스스로 처리할 수 있는 특별한 능력이 필요하다는 의미이다.

이를 '특별한 능력'이라고 칭하는 이유는 그만큼 사람은 한번 감정적인 상처를 받으면 타격을 크게 입기 때문이다. 예민함의 정도에 따라서는 며칠간 일이 손에 잡히지 않을 수도 있고, 트라우마가 생길 수도 있다. 하지만 이러한 사건들로 인해서 자신의 인생과 비즈니스가 흔들려서는 안 된다. 절박한 생존의 문제이기도 하지만, 다른 인간관계에도 영향을 미치기 때문이다. A에게서 받은 상처를 재빠르게 해결하지 않으면, 나로 인해 A와는 전혀 관련이 없는 B와

C에게도 타격이 간다. 이렇게 되면 B와 C로부터 긍정적인 이미지를 유지하지 못하게 되고, 결국 또 다른 '2차 피해'가 생길 수 있다.

회사를 나오고 독립적으로 일을 해나가면서 이러한 감정 처리의 문제가 너무도 중요하다고 생각하기까지 그리 오랜 시간이 걸리지 않았다. 나의 중립적인 판단이 어떤 이에게는 '이기적인 태도'로 비치기도 하고, 나는 공정하다고 생각했지만, 상대방에게는 '편파적이다'라는 평가를 듣기도 했기 때문이다.

내 안의 감정 조절팀이 특별한 능력을 갖추기 위해서는 몇 가지 방법이 필요하다. 우선은 '갈등은 꼭 해결되어야만 하는 것'이라는 입장에서 벗어날 필요가 있다. 우리는 갈등이 생기면 무조건 이를 '해결해야 한다'라고 생각한다. 그렇지 않으면 찜찜하고, 개운하지 않기 때문이다. 그래서 화해를 하거나 혹은 아예 인간관계를 끊음으로써 문제를 해결하려고 한다. 문제는 화해가 되지 않을 때가 많다는 것인데, 그럴 때마다 관계를 끊어버리게 되면 최악의 결과를 맞이하게 된다. 세상이 넓다고는 하지만 의외로 좁다는 것을 비즈니스를 하다 보면 수시로 경험하곤 한다. 그래서 나는 아무리 서로 좋지 않은 사이가 됐다고 하더라도 늘 열린 상태에서 관계를 마무리하려 노력한다. 이제껏 한 번도 무 자르듯 관계를 끊어본 적은 없다. 살아가면서 분명 만날 기회가 있기 때문이다.

나만의 리추얼이 가진 힘

감정이 격화됐을 때는 무조건 시간을 갖고 감정을 추슬러야 한다. 유통회사에 있다 보면 고객들의 컴플레인을 자주 접한다. 매장으로 항의를 하러 온 고객이 있다면, 여기에 몇 가지 대응 매뉴얼이 있다. 우선 고객을 좀 더 밝은 장소로 이동시키고 여름이라면 시원한 음료수를, 겨울이라면 따뜻한 음료수를 대접하고 잠시 고객을 홀로 놔둔다. 이런 대응이 감정을 휘발시키는 속성을 가지고 있기 때문이다. 약간의 시간만 지나도 격했던 감정은 금세 가라앉고, 다시 대화할 수 있는 여지가 생기게 된다. 이런 매뉴얼은 고객의 감정정리를 위한 방법이지만, 그 컴플레인을 대하는 자신의 감정정리를 위한 것이기도 하다.

아는 지인은 자신만의 '마음의 방 만들기' 노하우를 내게 들려주었다. 그는 나쁜 일이 생기면 그것을 마음 방 하나에 담아두고 그 문을 쾅 닫아버린다고 했다. 그리고 다른 사람을 만나 그와 나눴던 즐거웠고 행복했던 감정을 담은 다른 방문을 활짝 열어 자신의 기분과 태도를 180도 달라지게 만든다고 했다. 이는 하나의 리츄얼 ritual이라고 할 수 있다. 종교에서 행하는 의식적인 절차, 의례와 비슷하다. 기도하듯이 눈을 감고 두 손을 모으면 자신도 모르게 마음이 차분히 안정되고 경건하고 솔직한 마음의 상태가 된다. 나쁜 감정을 쓸어서 한 방에 몰아두고 문을 쾅 닫는 행위도 이런 리츄얼에 속한다.

나쁜 일이 생길 때마다 '와, 이제 좋은 일이 생기겠구나!'라고 외치는 방법도 있다. 사실 사람은 계속해서 좋은 일만 생기면 약간 불안을 느끼기도 한다. '이 성공의 지속이 언젠가는 끝날 텐데…'라는 생각이 들면 왠지 살짝 불안해지는 것이다. 나 역시 몇 년 전 마침 이런 상태였는데, 어느 날 사소한 교통사고가 났다. 사고를 당한 상황인데도 "와! 정말 잘됐네. 이제 나쁜 일이 하나 생겼으니까 또 좋은 일이 생기겠네!"라고 기뻐한 적이 있었다. 객관적인 사실이야 어떨지 모르겠지만, 이러한 리츄얼은 자신의 마음속에 있는 불안과 걱정을 긍정의 힘으로 뒤엎어버리고 더 적극적으로 일에 몰입하게 해준다. 이렇게 적극적으로 일에 몰입하게 되면, 더 좋은 결과가 생기는 것은 당연한 이치다.

사실 감정만큼이나 우리를 힘들게 하는 것도 없다. 결국, 모든 문제는 사람에 의해 발생하고, 그 관계에서 감정은 파도처럼 흔들리게 마련이다. 하지만 파도가 잔잔해지지 않으면 배가 전진할 수 없듯, 내 안의 감정 조절팀이 제대로 활동하지 않으면, 내 사업도 인생도 흔들릴 수밖에 없다는 점을 꼭 기억해야 할 것이다.

나를 평화롭게 만드는 힘 빼기의 기술

×

지치지 않으면서 전진하는 방법

기댈 회사가 없는 독립 비즈니스를 할 때에는 양극단에서 두 가지 인간관계의 문제에 부딪칠 수 있다. 하나는 지나치게 많은 관계 속에서 생긴다. 여러 사람을 만나니 힘들고 지치게 되며 특히 의견이 달라 충돌하다 보면 서로 마음 상할 일이 많이 생기게 된다. 그렇다고 사람을 안 만날 수는 없는 일이다. 또 다른 극단으로 사람들이 자신을 찾아주지 않으면 왠지 불안해지기도 한다. 그러다 보면 자신이 먼저 관계에 집착하면서 자칫 상대방을 귀찮게 만들어 문제가 될 수도 있다. 나 역시 5년 동안 여러 분야의 사람들과 다양한 일로 협업을 하다 보니 이런 문제가 생기지 않을 수 없었다. 그러나 이 과정에서 매우 중요한 태도 하나가 인간관계를 좌우한다는 사실을 배웠다. 그것은 바로 '힘 빼기'라는 태도이다.

꽤 유용한 허허실실 전략

인간관계의 문제는 어쩌면 삶에 내재된 영원히 풀리지 않는 숙제이기도 하다. 1,000명의 성인들을 대상으로 설문조사를 한 적이 있었다. 그 결과 '인간관계에 전혀 스트레스가 없다'고 말한 사람은 10명 중 2명에 불과했다. 결국 '대다수의 사람'이 겪는 문제가 바로 이 인간관계의 문제이다.

물론 이런 상황에 처한 사람들의 이야기를 들어보면 대부분 상대방에게서 문제를 찾는다. 즉, '나는 그렇지 않은데 상대방은 너무 자기 이익만 챙기려고 한다', '나는 그렇지 않은데, 상대방은 자기가 했던 말을 지키지 않는다'는 식이다. 물론 그들의 이야기를 들어보면 충분히 공감이 된다. 그들이 비난하는 하는 사람들의 행태가 분명 잘못된 것이고, 또 타인의 화를 부를 법도 하다. 그런데 비록 타인에게 문제가 있다고 하더라도 그 책임을 온전히 타인에게로만 돌리면 관계개선의 여지는 존재하지 않게 된다. 유일한 해결책은 그 사람을 만나지 않고 관계를 끊는 것이 될 텐데, 이는 정확한 의미에서 '해결책'이라기보다는 '포기'에 더 가깝다. 주어진 문제를 계속해서 손에 들고 그 문제를 풀어보려는 자세와 그 문제를 아예 손에서 놓아버리는 것은 분명 다른 일이다. 독립 비즈니스를 하는 사람이 이러한 포기에 익숙해지게 되면, 결국 주변에 남는 사람이 점점 줄어들게 된다. 문제가 생길 때마다 포기를 해버린다면, 수적으로 협업을 할 수 있는 사람이 줄어드는 것은 당연한 일이다. 따라서 외부적인 환경을 변화시킬 수 없다면, 결국 나를 변화시킴으로써 문제를 해결해야만 한다.

이를 위한 매우 유용한 방법 하나가 바로 '힘 빼기'다. 사람들에게 화가 나는 이유는 자신의 마음이 너무 경직되었기 때문일 수도 있다. 이 사업은 '반드시' 성공해야 하고, 저 사람이 내 말을 '반드시' 따라주어야 한다는 강박이 존재할 때, 상대방의 행동이 내 기준에 맞지 않으면 마음이 격변하기에 이른다. 그러니 화가 나고 말다툼이 생긴다. 하지만 힘을 좀 빼고 마음을 가볍게 하는 일명 '허허실실'의 자세를 갖는다면 상대에 대한 기대가 사라지고, 내 마음이 요동칠 일이 훨씬 줄어든다. 내 마음과 주변 환경이 팽팽하게 연결되어 있으면 환경에 변화에 따라 내 마음도 이리저리 끌려다니게 될 뿐이다. 그런데 이 팽팽한 끈을 좀 느슨하게 만들면 환경의 변화에도 여유가 생기며 끌려다니지 않게 된다. 상대방과의 관계에서도 화를 내고 말다툼을 하기보다 차라리 문제를 해결할 대안을 미리 찾아두는 것이 더욱 지혜로운 방법일 것이다.

나쁜 사람을 빼야 좋은 사람이 남는다

이러한 힘 빼기의 태도는 '지치지 않는 나'를 만들어나가는 데에도 매우 유용한 방법이다. 마음이 긴장된 상태에서는 타인에 대해서뿐만 아니라 나에게도 엄격하고 가혹한 기준을 적용하게 마련이다. 사람의 능력에는 한계가 있으니 이렇게 계속해서 몰아붙이기만 하면 결국 자신의 마음도 서서히 무너지게 되고 환경에 대한 방어력이 급속도로 약해지게 된다. 그러니 일단 인간관계에서 문제가 생겼을 때에는 싸우지 않는 것을 첫 번째 목표로 삼아야 한다. 그리고 이것이 끝까지 관철되도록 하는 힘 빼기의 태도는 문제를 해결하는 좋은 방법 중 하나가 될 수 있다.

하지만 우리가 숭고한 종교인이 아닌 이상, 모든 인간관계에 있어서 올바른 태도를 일관성 있게 유지하기란 무척 힘든 법이다. 시간을 두고 생각해도 절대로 용납이 되지 않는 경우도 생길 수 있다. 내가 아무리 힘 빼기를 통해 관계를 조절하려 해도 잘 되지 않을 때에는 최후에는 상대방을 포기하는 것도 하나의 방법이다. 하지만 이것은 내가 일방적으로 편하기 위해서라기보다는 나쁜 사람을 빼고 그 자리에 좋은 사람을 들이기 위함이다. 나쁜 사람으로 인해 자꾸만 부정적인 영향을 받으면, 결국 그것이 나를 통해 좋은 사람에게도 영향을 미치기 때문이다. 결국, 힘 빼기를 통해 최대한 관계를 해결하기 위해 노력해야 하지만, 그것이 한계에 봉착했을 때는 남아 있는 더 좋은 사람들을 위해서 관계를 포기하는 결단도 내려야 한다.

독립 비즈니스로 살아가겠다는 것은 평생에 걸친 일이다. 잔뜩

긴장된 마음과 강박적인 심리 상태에서는 온전한 지속가능성을 가질 수 없다. 감정에 치이면 일이 방해받는다. 언제나 처음 가는 길을 갈 때에는 가벼운 마음으로 가는 것이 좋다. 주변까지 둘러보는 가벼운 마음으로 탐험을 떠날 때, 보다 더 많은 것들을 발견할 수 있을 테니 말이다.

이윤을 위한 영악함, 혹은 진심이 있는 영리함

×

목표를 설정하고, 욕망을 조절해야 할 필요성

우리는 흔히 '목적을 가지고 사람을 대하지 말라'는 말을 하곤 한다. 자신이 원하는 것을 얻기 위해서 상대방을 이용하지는 말라는 의미이다. 그런데 매우 도덕적이고 착해 보이는 이 말에는 하나의 맹점이 존재한다. 실제 현실에서 우리는 목적 없이는 사람을 만나지도, 사귀지도 않는다는 점이다. 설사 친구끼리의 오랜 우정에 기반한 순수한 만남이라고 하더라도 이미 '우정'이라는 목적이 있기에 만나는 것이다. 명절 때 부모님을 찾아뵙는 행위도 마찬가지다. '부모님에 대한 사랑을 확인하고, 정성스럽게 대접하기 위한 목적'이 분명히 있다.

따라서 비즈니스의 출발점에 선 우리들은 사람을 만나는 데 있어서 자신의 목적을 어떻게 설정하고 드러낼 것인가에 대해서도 한

번쯤 생각해봐야만 한다. 여기에서 중요한 점은 그것이 오로지 '자신의 이윤만을 위한 영악함'인지, 아니면 서로가 도움을 주고받으면서 함께 성장하기 위한 '진심이 있는 영리함'인지를 구별해야 한다는 점이다.

나약함마저 드러내는 열린 자세

부끄러움을 많이 타고 순수한 사람일수록 자신의 의도를 드러내는 데 익숙하지 않다. 혹시 내가 원하는 것을 너무 빨리 드러내면 상대방이 나를 어떻게 볼까, 너무 돈만 좇는 사람으로 비춰지지는 않을까 하는 고민을 하게 된다. 실제 이런 문제 때문에 고민하는 후배들도 있다. 퇴사 후에는 결국 스스로 자신만의 영역을 만들고 구축해야 하는데, 다른 사람들의 도움을 얻어내는 과정을 힘들어 하는 것이다. 그럴 때마다 나는 후배들에게 "자신의 정확한 목적을 설정하고, 되도록 그것을 빨리 드러내라."고 조언을 해준다. 예를 들어 어느 모임에 가게 되었을 때, 아무 생각 없이 가지 말고 '내가 오늘 저 모임에 참석해서 얻어야 할 것'을 정하라는 이야기다. '그저 사람들의 얼굴을 익히는 기분 좋은 술자리'라는 목적을 설정했으면 편안하고 부담 없이 함께 어울리면 된다. 그런데 '나를 도와줄 A라는 사람과 친해지는 것이 목적인 술자리'라고 하면, 자리에 앉을 때부터 A와 가까운 자리에 앉아야 하며, 적극적으로 자신을 PR 해야 한다. 그리고 자신이 원하는 것이 무엇인지도 자연스럽게 말할 필요가 있다.

다만 여기에는 진정성이 담겨 있어야 한다. 상대로부터 내가 필요한 것만 얻고 말겠다는 자세로 접근을 했다가는 상대방이 이를 먼저 알아차리게 된다. 반면 진정성이 있다면 도움을 주고 싶어 하는 사람도 많다. 대개 누군가에게 도움을 줄 만한 위치에 있는 사람은 그 자신도 분명 어려운 시기를 겪었을 가능성이 크다. 그래서 과거 자신과 같은 위치에 있는 사람에게 선뜻 손을 내밀어주는 경우가 많다.

중요한 것은 비즈니스에 있어서의 '진정성'에 대한 개념이다. 일반적으로는 '거짓이 없는 진실하고 참된 마음'을 의미하지만 서로 간의 협력과 상호이익이 분명한 비즈니스 세계에서 쓰기에는 다소 부족한 면이 없지 않다. 꿈을 향한 자신의 순수한 열정과 자신감을 드러냄과 동시에 또 한 가지, '나약함'에 대한 솔직한 인정도 필요한 부분이다. 진정성과 나약함은 서로 어울리지 않는 듯한 개념이지만, 타인과 함께하는 리더십이라는 전체 틀 안에서 진정성과 나약함은 마치 형제와 같은 존재다. 리더십 전문가인 스콧 스눅Scott Snook 미국 하버드 경영대학원HBS 교수는 국내 한 언론과의 인터뷰에서 이런 이야기를 했다.

"진정성 리더십 이론에선 자신의 실수와 약점, 나약함을 솔직하게 인정할 때 지도자와 추종자 간에 훨씬 밀접한 관계가 형성된다. 이런 측면에서 진정성 리더십은 영웅적 리더십에 비해 훨씬 더 총체적이고 투명하며 인간적인 접근법이다. 이젠 리더가 항상 모든 문제에 답을 갖고 있어야 하며 어떤 위험이 닥쳐도 결코 두려워하지 않아야 한다는 집착에서 자유로워져야 한다. (…) 자신의 실수와 약점, 나약함을 솔직하게 인정할 때 지도자와 추종자 간에 훨씬 밀접한 관계가 형성된다."

자신의 나약함마저 솔직하게 인정하고 진정성 있는 자세를 보여줄 때, 상대방 역시 마음으로 도와주고 싶은 생각이 들게 되는 법이다.

내가 먼저 손을 내미는 자세

상대에게 직접적으로 도움을 요청할 수도 있지만, 때로는 '도움을 끌어내는 방법'도 있다. 바로 내가 먼저 도울 수 있는 부분을 제시하면서 향후 상대가 나를 도와주는 것이 결코 손해가 아니라는 사실을 보증해주는 방식이다. 만약 상대방에게 일방적으로 내 도움만 요청하면 상대도 사람인지라 혹시 자신이 이용만 당하고 나중에 내 도움만 받지 못하지 않을까 생각할 수도 있다. 하지만 내가 먼저 나서게 되면 이러한 '예상 가능한 손해'가 생기지 않을 것이라는 사실이 보증된다. 예를 들어 상대방이 필요로 하는 것이 있다면 내가 먼저 나서서 그 일을 추진해주는 것이다. 이렇게 하면 상대방은 자신이 먼저 도움을 받았다는 사실에 안심을 하게 되고 손해에 대한 두려움을 지울 수 있다. 이것은 일을 진행시켜나가는 현명한 하나의 방법이기도 하다. '누가 먼저 도와줄 거니?'를 따지다가 정체되어 있는 일이 있다면, 내가 먼저 나서서 그 고리를 풀어 일을 앞으로 굴러가게 해보자.

그런데 여기에서 한 가지 염두에 둘 것이 있다. 성과를 나누는 방식의 문제이다. 일반적으로 우리는 상대방과 무엇인가를 합리적으로 나누기 위해서는 5:5가 균등한 방법이라고 생각한다. 하지만 사람은 대개 자신을 중심으로 생각하기에 '내가 무슨 손해를 보고 있지?'를 더 많이 생각한다. 그래서 설사 상대방과 5:5로 나눴다고 하더라도 마음 한편에서는 '혹시 내가 지금 손해 보고 있는 건 아닌가?'라는 생각을 갖게 된다. 그래서 대개 상대에게 더 주는 4:6 정도가 되어야 비로소 상대방은 5:5로 받아들이곤 한다. 이는 기본적으로 인간의 심리에 존재하는 '호혜성'에서 기인한다. 끊임없이 뭔가를 주고받아야 상대와 내가 동시에 성장하고 발전하게 된다. 그리고 이 호혜성의 무게 중심이 내가 아닌 상대방에게 주어질 때, 관계는 좀 더 빠르게 발전해나갈 수 있다.

자신만의 이익을 위한 영악함을 버리고, 진정성과 나약함, 그리고 상대를 더욱 생각하는 진심 어린 영리함으로 자신의 비즈니스를 구축할 필요가 있다. 그래야 일이 순조롭게 진행되고 상대방을 '내 사람'으로 만드는 최고의 기회가 생기는 법이다.

진짜가 되어 보지 않겠는가?

×

금이나 은이 아닌, 나만의 '진짜 수저'를 위한 에티튜드

'금수저와 흙수저'에 대한 이야기는 대한민국의 많은 청년들을 좌절케 하는 사회적 계층 구분에 대한 이야기다. 아무런 노력도 없이 태어날 때부터 좋은 조건, 혹은 최악의 조건을 갖췄다는 것은 누가 봐도 불공평한 일일 수 있다. 하지만 그것이 '어쩔 수 없는' 일이라는 점에서 또한 허탈하기도 하다. 그러나 금수저든 흙수저든 하나의 공통점이 있으니 그 환경이 '자신의 힘'으로 이뤄낸 것이 아니라는 점이다. 그런 점에서 금수저라고 장밋빛 인생만 펼쳐지는 것도 아니고 흙수저라고 인생이 최악으로만 치닫지도 않는다. 그 어떤 상황에서도 스스로를 일으켜 세우는 것은 바로 자신이 만든 '진짜 수저'이다. 이것이 존재하지 않고는 삶에 정면으로 부딪혀 살아가는 힘, 직장생활과 그 이후의 삶을 알차고 보람 있게 만들어가는

동력은 부족할 수밖에 없다. 이제 금수저와 흙수저라는 사회가 만들어놓은 프레임이 아닌 내 스스로가 만들어나가는 '진짜 수저'라는 관점에서 자신을 되돌아볼 필요가 있다.

대기업에 입사해서 생선 머리부터 자른 이유

여전히 우리 사회는 스펙을 중요하게 생각한다. 그렇다 보니 대학 입학, 입사, 심지어 경력직으로 회사를 옮길 때에도 이력을 조작하는 사건이 일어나곤 한다. 그러나 스펙은 그저 나를 설명하는 몇 줄의 포장은 될 수 있겠지만, '진짜 내 모습'을 드러내주지는 못한다. 만약 내가 '봉사활동을 한 이력'이 있다고 해서 정말 내가 봉사를 하면서 흘린 땀의 가치를 알고 있을까? 또는 '교환학생으로 해외에 다녀왔다'고 해서 정말 외국에서 학문에 매진하며 그 나라 친구들과 소통을 했을까?

스펙이 보여주는 나의 모습과 내가 스스로 알고 있는 '진짜 나'의 모습이 때로는 정반대일 수도 있다. 진짜를 추구하는 삶이라면 이러한 것에서 괴리감, 허전함, 스펙으로 채워지지 않는 아쉬움이 존재한다. 무엇인가 단단한 내부의 힘이 존재하지 않는 것에 대한 아쉬움이랄까?

처음 유통 분야를 지원하고자 했을 때 '과연 어떤 업무를 맡으면 좋을까?'에 대해서 생각해본 적이 있다. 어차피 유통이라는 분야는 편안하게 책상에 앉아 있는 분야는 아니다. 상품이 흐르고 흘러 소비자의 손으로 직접 건네지는 전 과정을 총괄해야 하기 때문에 모든 것은 '현장 중심'이라고 할 수 있다. 그러면 현장의 최전선에서 소비자들과 직접 대면을 하는 것이 가장 좋은 방법이라고 생각했다. 그래서 처음 자원했던 일이 바로 마트 생선 코너에서 생선을 다듬는 일이었다. 최소한 그것이 '진짜 유통맨'이 되는 것에 있어서 맞는 길, 옳은 길이라고 여겼기 때문이다. 소비자가 어떤 생선을 선호하는지, 한 번에 구매할 때는 어느 정도를 구매하는지를 아는 그런 현장 경험이 진짜 유통을 알아가는 길이라고 생각했기 때문이다. 물론 다른 사람들은 보통 대기업에 들어가서 이런 일에 자원하는 것을 바보 같은 일이라고 생각하곤 한다. 그런데 중요한 것은 바로 이 지점이다. '대기업까지 가서 생선 머리를 자르는 것은 바보 같은 일이 아니냐'라는 사회적이고 평균적인 시선, 그리고 '진짜 유통맨이 되기 위해서는 생선 머리부터 잘라봐야 한다'라는 나의 시선. 사람들은 대개 이 두 가지 선택지가 있다면 전자의 사회적이고 평균적인 시선을 선택한다. 즉, '남들에게 어떻게 보일까?'를 무척 중요하게 생각한다. 하지만 우리가 정말 추구해야 할 것은 '남들의 시선'이 아니라 얼마나 '진짜 나'를 단단하게 만들어나갈 수 있느냐이다.

내 인생을 만드는 '진짜 프레임'

물론 살다 보면 남들에게 등 떠밀려서 하는 일도 생길 수 있다. 하지만 그렇다고 하더라도 기왕에 시작한 일이라면 대충 허술하게 하는 것이 아니라 '기왕 한 거 진짜가 되어보자'는 결심을 할 수도 있다.

그러나 삶의 행보가 내가 아닌 타인에게 맞춰져 있으면 시간이 흐를수록 자신을 찾는 일은 더 어려워진다. 중년을 넘어선 사람들이 어느 날 문득 가을 낙엽을 보면 '도대체 나는 무엇을 위해 살아온 거지?'라는 상념에 젖게 되는 까닭이 바로 이렇게 '진짜인 나'를 만들어오지 못했기 때문이다.

더구나 이런 단단한 나를 만들어가는 삶이란, 직장생활은 물론이고 그 이후의 삶에도 큰 도움이 된다. 직장을 나오면 인맥을 통해 전문가들을 만나면서 그들과 상호협력을 해야 한다. 하지만 전문가들은 이미 그 분야에서 수십 년의 경험을 쌓은 사람이기에 날카로운 매의 눈으로 상대방을 평가하곤 한다. 그런데 왠지 허술하고, 가볍고, 내적인 실력이 없는 사람이라는 인상을 주게 되면 더 이상의 많은 교류를 하지 않으려고 한다. 그들이 도움을 주려고 하지도 않고 받으려고도 하지 않는다면, 자신만의 독립 비즈니스에도 큰 장애물이 생기게 된다.

금수저와 흙수저의 프레임은 어차피 남들이 만들어놓은 것이다.

부모가 나의 인생 항로에 영향을 미칠 수는 있겠지만, 그것을 결정적이라고 생각해서는 곤란하다. 그리고 이러한 생각은 부모를 포함한 타인이 내 인생을 좌지우지하게 하는 매우 자존심 상하는 일이기도 하다. 《코리끼는 생각하지 마》의 저자 조지 레이코프George Lakoff는 이렇게 이야기한다.

"프레임의 전환을 위해서는 전혀 다른 생각이 필요하다. 언어는 생각의 그릇이다. 따라서 다른 말을 써야 한다."

이제는 '금수저와 흙수저'가 아닌 '진짜인 나와 진짜가 아닌 나'로 구분해서 바라보자. 내가 정말 하고 싶어 주도했는가, 정말 혼신의 힘을 다해 경험했는가, 누가 봐도 나를 던져 스스로 '진짜'를 만들려고 했는가? 이러한 질문에 제대로 답하는 길을 걸어갈 수 있을 때, 나이가 들어도 상념에 잠기기보다는 자신감이 풍족한 삶을 살아갈 수 있지 않을까?

에필로그

인생을 재구조화하는 멋진 기회

당신이 퇴사를 결심했든, 혹은 결심을 하지 못하고 기회만 보고 있든 상관없다. 혹은 결심을 했다가 다시 자포자기한 상태에 있을 수도 있다. 그러나 어느 쪽이 됐든 중요한 것은 한 번쯤 자신의 인생을 재구조화하는 멋진 기회를 가져야 한다는 점이다.

이제까지 떠밀리듯 살아온 것이 인생 경험의 전부라면, 이는 참 슬픈 일이다. 한쪽으로 치우친 삶은 반드시 결핍과 과도함을 가져오게 마련이다. 운동이 건강에 좋지만 너무 과도하게 하면 몸을 상하게 한다. 직장생활도 마찬가지다. 과거보다는 더 많이 워라밸을 추구할 수 있는 환경이 됐다 하더라도, 일주일에 5일을 회사에서 일만 하다 보면 분명 결핍이 생기게 된다.

어떤 의미에서 퇴사란 직장 이후의 삶을 다시 한 번 전반적으로 구조조정하는 것이라고 볼 수 있다. 즉, 직장 이후의 건강하고 풍요로운 삶을 위해 결핍된 것은 채우고, 고장 난 곳을 수리하는 일이다. 우리 삶은 돈만 넉넉하다고 해서 모든 문제가 해결될 만큼 간단치 않다. 나이가 들어 은퇴를 하면 가족의 외면을 받기도 하고, 무엇을 해야 할지 모르는 공허함에 시달리기도 한다. 또 과거의 사람들과 단절되면서 외로운 생활을 할 수 있다. 아무리 저축해놓은 돈이 많아도 이런 문제들이 생기면, 인생이 괴롭기는 마찬가지다. 퇴사란 그간 일을 배우고 성과를 올리느라 노곤해진 몸의 뭉친 근육을 풀고, 비뚤어진 뼈를 다시 맞추는 일, 그래서 일에 지친 자신의 인생을 건강한 상태로 되돌려가는 하나의 과정이다.

'건강은 건강할 때 지켜라'는 말을 한번쯤 들어봤을 것이다. 그냥 흘려들을 법한 말이지만, 여기에는 인생의 소중한 지혜가 담겨 있다. 건강할 때는 몸에 조금 문제가 생겨도 금방 다시 원상회복이 된다. 하지만 드라마에서 나오는 '너무 늦었습니다. 말기 암입니다.' 같은 상황에서는 아무리 좋은 약을 써도 원상회복이 되지 않는다. 그래서 건강을 건강할 때 지키는 것과 건강하지 않은 상태에서 회복시키려는 것은 완전히 차원이 다른 일이다. 모든 직장인들은 언젠가 직장을 나가 맨몸으로 사회를 만나야 한다. 기왕에 이런 결말을 맞을 수밖에 없다면, 스스로 준비하고 나오는 것이 최선이며 유일한 방법이다.

무조건 빨리 퇴사하라는 이야기가 아니다

그런 점에서 나는 '5년 일찍 준비하라'고 말해주고 싶다. 여기에서 퇴사의 시점이 중요하지는 않다. 예를 들어 퇴사하기 전 3년을 직장 내에서 준비하는 기간으로 잡고, 퇴사 후 2년 정도를 실제 테스트 해보는 기간으로 잡을 수 있다. 4년-1년, 2년-3년도 가능하다. 핵심은 직장과 필드의 준비 경험이 총합 5년 정도는 되어야 한다는 점이다. 5년 동안이나 준비된 사람과 이런 준비가 전혀 없이 막 퇴사한 사람. 이 둘의 차이는 하늘과 땅이다. '1만 시간의 법칙'에 의하면 10년간 한 분야에서 꾸준히 훈련을 하면 달인이 될 수 있다고 한다. 산술적으로 계산이 딱 떨어지지는 않겠지만 최소한 5년간 자신에게 몰입한 사람이라면 '반은 달인'인 사람이다. 이런 사람과 '퇴사 신출내기'는 겨루는 것 자체가 힘들 정도다. 5년간 충분히 체력을 갈고닦은 사람의 앞서 나가는 속도와 지금 아무런 준비 없이 출발하는 사람의 속도는 비교 불가다. 지식, 정보, 경험, 세상의 변화에 대한 통찰 등 모든 면에서 겨룰 수가 없다.

결과적으로 퇴사는 삶의 균형을 다시 맞추는 일이다. 회사라는 거인은 분명 우리에게 많은 것을 알려준다. 열심히만 일하면 월급도 주고, 사회적 인맥도 쌓게 해주고, 일의 능력도 높여준다. 심지어 당장 회사를 그만두고 창업을 해도 부족하지 않을 기술력을 쌓게 해주기도 한다. 하지만 그것이 계속되었다가는 또 다른 불균형이 시작된다. 가족의 문제로부터 시작되는 삶의 공허함이 깊게 패일 수 있다. 그리고 이것은 우울증으로도 이어진다.

시간이 없으니 하루빨리 퇴사를 하라는 그런 이야기가 아니다. 하지만 그렇다고 회사에 계속 남아 있으라는 말 또한 아니다. 그보다는 '나의 인생'이라는 전체적인 맥락에서 직장과 그 이후의 삶에 대한 성찰을 해보기를 간절히 바라는 바이다.

황금알을 낳는 거위를 잡아먹는 어리석은 사람에 대한 이야기를 들어보았을 것이다. 어쩌면 그 거위는 외부에 존재하는 것이 아니라 바로 당신 자신일 수도 있다. 평생을 살면서 수많은 황금알을 낳을 수 있는데, 정작 자신을 성장시키지 못하고 스스로 소진되어가고 있는 것은 아닐까? 자신이 얼마나 소중한지, 얼마나 많은 것을 하면서 살아갈 수 있는지를 되돌아보는 시간이 되었으면 한다.

헌우 씨와 아라 씨의 '내 인생 개척법'

청담 초등학교 교사를 그만두고 보험 영업을 한다?

_ 메트라이프 재무설계사 조헌우 씨

혹시 지금 한창 학교 선생님을 목표로 공부하는 사람이 조헌우 씨의 인생 스토리를 듣는다면 눈이 휘둥그레질지도 모르겠다. 그는 처음 초등학교 교사로 사회생활을 시작했지만, 자신의 의지로 교사를 그만두고 보험사인 메트라이프의 재무설계사가 되었다. 모두가 알고 있는 바로 그 '보험 영업'이다. 그는 평생직장이 보장되고, 1년에 두 번씩 방학이 있는 직업, 은퇴하면 연금도 나오는 직업을 팽개치고 보험 영업을 선택했다. 과연 정상적인 사고로 이게 가능하냐고 물어볼 수도 있을 것 같다. 그렇다고 교직을 수행하는 데 문제가 있었던 것도 아니다. 처음 목포에서 교사 생활을 하던 중 다시 임용고시를 준비해 합격, 서울로 올라왔고 마지막에 근무했던 곳은 서울 강남의 청담 초등학교였다. 한 번 붙기도 힘든 임용고시를 두 번이나 붙어놓고 그걸 또 그만두는 이유는 무엇이었을까? 처음 부모님과 외식을 하면서 "교사를 그만두고 싶다."라고 말하자, 어머니는 도저히

밥을 먹을 수 없다며 그냥 집으로 가셨다고 한다.

조헌우 씨가 교사를 그만둔 결정적인 이유는 앞으로 자신의 삶에 대해 전혀 기대감이 생기지 않았기 때문이다. 매일 출근하면 만나는 선배 교사 선생님들의 모습이 10년 뒤, 20년 뒤 고스란히 자신의 모습이 되리라는 사실에 숨이 막힐 지경이었다고 한다. 그의 삶은 이미 정해져 있었고, 달리 기대할 것도 없었다. 그것을 깨닫는 순간, 그는 삶의 방향을 잃어버리고 말았다.

'나는 분명히 열심히 살아왔는데, 왜 내 삶의 방향을 모르는 거지?'

미래를 위한 현재의 혹독한 트레이닝

그는 정말로 당황했다고 말했다. 물론 수만 번의 고민을 했다. '월급이 안 나오면 굶어 죽지는 않을까?' 하는 원초적인 고민부터 앞으로 어떤 일을 해야 할지 하루하루를 수많은 고민을 하며 지냈다. 그런데 계속 고민만 하면서 교직을 유지할 수는 없었다. 평소와 다름없이 출근하던 어느 날 "아, 이제는 길거리에 나가 작은 물건을 팔더라도 스스로 돈을 벌어보는 연습을 해야겠다. 지금까지 10년 동안 많은 사랑을 받으며 근무했으니 감사하는 마음으로 학교를 떠나야겠다."고 결심했다. 그 후 그는 1년 동안 정말 치열하게 새로운 삶을 그리고, 여기저기서 조언을 얻으며 하나씩 자신의 인생을 만들어가기 시작했다.

그가 재무설계사 쪽으로 미래의 방향을 잡은 이유는 그 스스로 재테크의 문제에 부딪혔기 때문이다. 그에게 처음으로 '돈'이 현실적으로 다가온 계기는 처음 서울로 올라와 교사 생활을 시작할 때였다. 월급에 비해 말도 안 되게 비싼 집값을 보면서 '과연 이게 정상인가?'라는 생각을 했다고 한다. 자신의 월급으로는 집을 사기는커녕 전세를 얻기도 쉽지가 않았다. 이때부터 경제와 재테크 공부를 하기 시작했다. 한동안 재테크 공부에 푹 빠져 살았는데, 어느 순간 돈이 많다고 행복해지는 것은 아니지만 반대로 돈이 없으면 불행해질 수도 있겠다는 생각이 들었다. 좀 슬픈 상상이지만 돈이 없으면 내가 사랑하는 사람들을 지키지 못할 수도 있다는 것에 생각이 미쳤다.

이런 저런 생각과 고민을 하면서 재테크로 시작한 그의 공부는 좀 더 넓은 방향으로 뻗어 나가기 시작했고, 세상에 나와 자신이 하고 싶은 일이 명확해졌다. 나와 내 주변 사람들, 그리고 앞으로 내가 만날 사람들이 자본주의 사회에서 스스로를 지킬 수 있도록 돕는 사람이 되자! 그렇게 열심히 재테크 공부를 하면서 실력을 쌓았고 선생님들 앞에서 경제 특강과 각종 연수를 진행하면서 결국 교사직을 그만두었다.

아마도 많은 사람이 그의 월급을 궁금해할 것 같다. 그가 퇴직한 시기는 2019년 8월 31일이었고 8개월 정도가 지나자 과거 교사였을 때 벌었던 월급을 조금 넘을 수 있었다고 한다. 그러나 지금 당장 그에게 중요한 것은 월급 자체가 아니다. 많은 사람을 만나고, 좋은 사람을 소개받고, 그들의 자산을 관리할 수 있다는 것이 중요하다. 그렇게 40대가 되고, 50대가 된다면 그 누구도 부럽지 않은 개인 사업자로서의 삶을 사는 것이 목표라고 한다. 그래서 지금 자신을 혹독하게 트레이닝하고 있으며, 이를 통해 더욱 성장하는 자신을 만들겠다고 한다. 무엇보다 과거와 달라진 점은 자신의 미래, 앞으로 다가올 삶에 대한 '기대감'이 생긴 것이라고 한다. 그는 10년 동안 교사 생활을 하면서 한 번도 수업하는 꿈을 꾼 적은 없다고 했다. 하지만 지금은 꿈에서도 고객 상담을 한다고 했다. 스스로 얼마나 새로운 삶을 위해 전력투구하는지를 보여주는 대목이다. 그는 마지막으로 이렇게 말했다.

"주어진 목표와 급여를 받으며 인생을 소진하는 것이 아니라 멋진 여러 다른 사람들과 함께 살아가고 싶어요. 작은 붕어빵을 하나 먹더라도, 설령 그 맛이 좀 떨어지더라도, 우리가 스스로 만든 붕어빵을 나누어 먹고 싶어요. 똑똑하게 열심히 고민해서 말이죠."

'무엇이 될 것인가'보다 '어떻게 살 것인가?'

우리는 어렸을 때부터 끊임없이 '무엇이 되라'는 이야기는 들어도 '어떻게 살고 싶니?'라는 질문은 받지 못했다. 그래서 결국 우리는 저마다 그 무엇이 되기는 하지만 결국, 삶의 내용과 방향은 공허한 상태가 되고 말았다. 물론 그렇게 살아가도 큰 문제가 없을 수도 있다. 사람은 어떻게든 적응하게 마련이고, 뭔가 부족하다고 생각해도 다른 부분에서 그 부족함을 채울 수 있기 때문이다. '삶에 정답이 없다'라는 말은 그래서 생겼을 수도 있다.

그러나 조헌우 씨의 사례에서 보듯이 자신이 처한 상황을 적극적으로 바꾸려고 노력하는 사람도 있는 법이다. 중요한 점은 그가 퇴직하기 전 꾸준하게 무료 강의를 하면서 점차 말하는 테크닉을 기르고 재테크 강사로서의 실력을 쌓아왔다는 점이다. 아마도 이 부분은 그가 퇴직을 결심하는 데 매우 큰 '현실적인 힘'이 되어주었을 것이라 생각한다. 더구나 그는 현재 '독립 비즈니스'의 모양새를 갖춰나가고 있다. 재무설계라는 자신의 중심 분야를 축으로 향후 부동산 쪽으로 진출하고, 사람들과의 네트워크 속에서 또 다양한 사업 거리를 준비 중에 있다.

그가 당장의 월급보다 자신의 신념과 가치를 중요시하는 모습에서 '개인의 시대'를 살아가는 한 주체의 모습이 엿보인다. 아마도 그가 '교사의 외적 조건'만 보았고 거기에 만족했다면 교사직을 그만두기는 힘들었을 것이다. 그러나 그는 '스스로 만든 붕어빵'이라는 자기 성취감에 대한 강렬한 열망을 가지고 있었다. 바로 이렇게 자신을 중심에 놓고 인생을 꾸려나가는 모습, 바로 이것이 '개인의 시대'를 살아가는 사람의 전형이라고 할 수 있다.

진짜 '나'를 찾는 도전의 곁에, 공유경제가 있다

_ 영상다방 황금단추 전아라 씨

전아라 씨는 중학생 때부터 아르바이트를 시작했다. 고등학교에 다닐 때도, 대학에 다닐 때도 한 번도 일을 손에서 놓을 수가 없었다. 회사에 들어가서도 노동은 끝이 없었다. 마지막 직장은 한 중견 회사의 비서실이었다. 일 자체는 힘들지 않았지만 어느 날 회사에서 벌어진 어떤 사건을 계기로 정신이 번쩍 들 만한 깨달음이 왔다고 했다. 바로 '회사는 나를 지켜주지 않는다'는 점이었다. 자신이 스스로 준비해놓지 않으면 그저 월급에 의지하고 살다가 갑자기 내던져질 수도 있다는 깨달음이었다. 개인이 치명적인 실수를 하지 않더라도 회사 분위기에 따라 부서가 통째로 사라지기도 했고, 해외 지사로 이전을 하기도 했다. 여기서 개인이 가질 수 있는 선택지는 회사의 지침에 따르느냐 혹은 그만두느냐 두 가지밖에 없었다. 따지고 보니 어딘가 소속되어 월급을 받아본 것 외에는 자신의 힘으로 온전히 돈을 벌어본 적도 없었다. 이러다 정말 아무도 나를 보호해주지 않는 세상에 홀로 던져질 것만 같은 불안감이 들었다.

친구와 스터디하며 퇴사를 준비하다

그녀는 퇴사를 준비하면서 아는 친구들과 스터디 그룹을 만들었다. 부동산, 주식을 함께 공부했지만 더 중요한 것은 자신이 원하는 삶의 형태, 그리고 어떤 삶을 살고 싶은지에 대한 고민이었다. 내가 원하는 삶을 살려면 얼마가 필요한지, 그래서 지금 어떤 일들을 할 수 있는지 역으로 계획해보았다. 이렇게 함께 공부하며 보낸 시간이 무척 소중했다. 당장 어딘가에 투자해서 대단한 결과를 내진 못하더라도, 스터디하며 나눈 고민들을 기록해둔다면 자신에게 소중한 자산이 되리라는 결론 하나만큼은 확실했다. 그리고 그녀는 직장생활을 하면서 쉐어하우스를 운영했다. 집을 빌려서 다시 방 별로 임대를 했다. 많은 신경을 쓰지 않아도 되고, 매달 월급 이외의 수익이 들어온다는 점에서 독립을 해도 먹고 살 방법은 있겠다는 자신이 들었다고 한다.

그녀는 친구와 스터디하며 나눈 이야기와 생각들을 기록해놓으려고 처음에는 블로그, 나중에는 팟캐스트 녹음을 했다. 그러다 보니 대세라는 유튜브도 찍어보고 싶었다. 팟캐스트는 녹음실이 있었는데, 유튜브는 막상 촬영할 곳이 없었다. 부모님이 방문을 벌컥 열고 들어와서 뭐 하냐고 묻는 것이 신경 쓰여 집에서는 못 찍겠고, 카페도 아직은 덜(?) 관종인 자신이 촬영하기에는 부담스러운 공간이었다. 스튜디오는 워낙 많지만 사진 전용 스튜디오가 대부분이라 비용, 음향 장비 등이 적합하지 않았다. 그냥 방 하나 비워서 장비들을 두고 나같이 유튜브 촬영을 한 번 해보고 싶은 사람들이 함께 쓸 수 있는 공간이 있으면 좋겠다 싶었다. 그녀는 바로 여기에서 사업의 기회를 만들었다. '영상다방 황금단추'는 그런 영상 제작자의 시작을 돕는 곳이다. 초보자 입장에서 쉽게 다룰 수 있는 장비 위주로 구비해두었고, 스마트폰만으로도 촬영할 수 있도록 스마트폰용 젠더, 케이블도 충분히 준비하려고 애썼다. 유튜버뿐만 아니라 대학생 서포터즈 활동, 면접 영상, 기업 내·외부용 영상, VCR 영상 등 다양한 목적으로 영상을 촬영하려는 사람들이 온다.

공간의 다양한 활용으로 수익성을 높이다

황금단추에서는 강의와 공연 등도 진행한다. 유튜브뿐만 아니라 많은 도전이 좀 더 쉽게 시작되길 바랐다. 강의를 처음 하는 사람, 아직 무대에 서본 적 없는 아티스트를 위한 공연 장소로도 공간이 쓰일 수 있도록 준비했다. 토요일 오전에는 요가 수업도 열린다. 요가 강사 자격증을 처음 딴 선생님이 본인이 상상했던 소규모 수업을 직접 진행해볼 수 있도록 공간을 공유한 것이다. 기존과 다른 요가 수업에 수련생들의 만족도도 높다.

그녀의 새로운 삶은 지금부터가 시작이다. 사업을 시작한 지 이제 1년째에 불과하지만, 월세는 충분히 감당이 되기 때문에 잘 버티고 꾸준히 해나간다면 사업으로서의 의미도 충분히 있을 것 같다고 한다. 더구나 유튜브의 인기는 꾸준할 것으로 예상되기 때문에 단기적으로 사업의 등락이 크지 않을 것으로 예상된다. 중요한 점은 전아라 씨가 이제 드디어 '회사로부터 독립한 생활'을 시작했다는 점이다. 스스로 돈을 벌어본다는 것, 중학교 때부터 끝도 없이 해왔던 고된 노동에서 조금씩 벗어나고 있다는 점이 중요하다.

그녀 역시 퇴직을 하기 전에 충분히 공부하고, 고민했다. 또 쉐어하우스를 운영해봤다는 점에서 나름의 테스트도 해보았다고 할 수 있다. 아마도 이런 현실적인 경험이 없었다면 여전히 회사생활에서 벗어나지 못했을 수도 있다. 또 현재의 공간을 다양하게 활용하는 점도 눈에 띈다. 이는 매출에도 도움이 될 뿐만 아니라 보다 다양한 사람을 만날 수 있는 계기도 마련해준다는 점에서 일석이조다. 또 이러한 인적 네트워크를 활용하면 더 많은 독립 비즈니스를 확장해 나가는 일에도 도움이 되리라 본다.

참고문헌

- 최원석, '本業 소멸 위기의 기업, 더 큰물로 뛰어오르다', 〈위클리비즈〉, 2014년 5월 24일
- 윤선영, '프리랜서, 고용 혁명인가…고용 실종인가', 2016년 3월 18일
- 탤런트뱅크, 'C-level 임원을 파트타임으로 고용하라', 2019년 8월 5일
- 조디 그린스톤 밀러 외, '슈퍼 비정규직이 떠오른다', 〈DBR〉, 2013년 1월(120호)
- 최윤식 외, 《제4의 물결이 온다》, 지식노마드, 2017년 2월
- 김현지, '전 세계 프리랜서 수입 성장율 미국 1위… 25~34세 젊은층이 프리랜서 시장 주도', 〈휴먼뉴스〉, 2019년 8월 19일
- 앤서니 위스노, '프리랜서 경제의 부상', 〈뉴스위크 한국판〉, 2017년 9월 25일
- 캐롤린 그레고리, '힘든 시기를 겪는 것에는 놀라운 혜택이 있다', 〈허핑턴포스트〉, 2016년 1월 6일
- 한은정, '금융전문가가 된 건 운명 … 불타는 열정 있어야', 〈중앙일보〉, 2015년 9월 14일
- 온혜선, '억만장자 80%는 새로운 시장이 아닌 포화된 시장을 봤다', 〈조선비즈〉, 2016년 7월 9일

- 박정현, '한 손엔 기존사업 다른 손엔 신사업…양손잡이 경영하라', 〈위클리비즈〉, 2016년 9월 24일
- 이위재, '펭귄의 협력(대가 없는 협력을 통해 탄생한 리눅스의 마스코트)이 경쟁보다 낫다… 동기 부여 패러다임을 바꿔라', 〈위클리비즈〉, 2014년 5월 24일
- 오창훈, '위기 대응력 · 수익률 좋은 기업 되길 원하는가… 性 · 인종 등 다양성 높여라', 〈위클리비즈〉, 2019년 9월 6일
- 황미리, '불편한 진실… 또 다른 사회권력, 매력자본', 〈매일경제〉, 2013년 4월 26일
- 하이디 그랜트, '필요한 도움을 얻는 기술', 〈하버드 비즈니스 리뷰〉, 2018년 5~6월(합본호)
- 김찬배, '성공의 열쇠, Key Man Network', 〈DBR〉, 2008년 6월호
- 김영신, '유머가 경쟁력이다', 〈신동아〉, 2005년 4월 20일
- 김지경, '유머스러운 사람이 더 매력적으로 보인다', 〈리서치페이퍼〉, 2017년 8월 17일
- 김지윤, '[커버스토리-유머는 경쟁력] 유머 = 경쟁력 외우세요', 〈경향신문〉, 2017년 9월 22일
- 이방실, '진정성 리더십' 전문가 스콧 스눅 HBS 교수 인터뷰', 〈동아일보〉, 2011년 2월 19일
- 김향미, '코로나 시대의 4계급… 당신은 어디에 있나', 〈경향신문〉, 2020년 4월 27일

개인의 시대가 온다

초판 1쇄 인쇄 2020년 7월 22일 | 초판 1쇄 발행 2020년 7월 31일

지은이 서준렬
펴낸이 김영진

대표이사 신광수 | 본부장 강윤구 | 사업실장 백주현
책임편집 한지원
단행본팀장 이용복 | 단행본 우광일, 김선영, 박현아, 정유, 박세화
디자인팀장 박남희 | 디자인 당승근
출판기획팀장 이병욱 | 출판기획 이주연, 이형배, 강보라, 김마이, 이아람, 이기준, 전효정, 이우성
기획 이진아콘텐츠컬렉션

펴낸곳 (주)미래엔 | 등록 1950년 11월 1일(제16-67호)
주소 06532 서울시 서초구 신반포로 321
미래엔 고객센터 1800-8890
팩스 (02)541-8249 | 이메일 bookfolio@mirae-n.com
홈페이지 www.mirae-n.com

ISBN 979-11-6413-567-7 03320

* 와이즈베리는 ㈜미래엔의 성인단행본 브랜드입니다.
* 책값은 뒤표지에 있습니다.
* 파본은 구입처에서 교환해 드리며, 관련 법령에 따라 환불해 드립니다.
  단, 제품 훼손시 환불이 불가능합니다.

와이즈베리는 참신한 시각, 독창적인 아이디어를 환영합니다.
기획 취지와 개요, 연락처를 bookfolio@mirae-n.com으로 보내주십시오.
와이즈베리와 함께 새로운 문화를 창조할 여러분의 많은 투고를 기다립니다.

「이 도서의 국립중앙도서관 출판시도서목록(CIP)은 서지정보유통지원시스템 홈페이지(http://seoji.nl.go.kr)와
국가자료공동목록시스템(http://www.nl.go.kr/kolisnet)에서 이용하실 수 있습니다.
(CIP제어번호: CIP2020024274)」